EM-D-X-1-88

Cet ouvrage a été financé par
Le Ministère de l'Environnement
Le Ministère de l'Urbanisme du Logement et des Transports
et le Conseil d'Architecture d'Urbanisme
et d'Environnement des Landes.

Il fait suite à des études réalisées par
Le Conseil d'Architecture d'Urbanisme et d'Environnement des Landes
(Marie-Christine OLMOS - Architecte), le Cabinet d'Architecture
de GUENIN - GIRARD - CAZAUX, la Délégation Régionale à l'Architecture
et à l'Environnement d'Aquitaine (Marc GERAULT - Inspecteur des Sites)
et Bernard WAGON - Architecte

Conception et réalisation :
Délégation Régionale à l'Architecture et à l'Environnement d'Aquitaine.
Ont participé à sa rédaction, Marc GERAULT,
Marie-Christine OLMOS et Bernard WAGON

Nous tenons à remercier
la Mission d'Aménagement de la Côte Aquitaine
le Conseil d'Architecture, d'Urbanisme et d'Environnement de la Gironde
les Directions Départementales de l'Equipement
et les Services Départementaux de l'Architecture
de la Gironde et des Landes
l'Institut Français d'Architecture
pour les conseils et les documents mis à notre disposition,
Madame CASSOU-MOUNAT
dont les travaux ont été utilisés comme base documentaire
et les photographes
Vincent MONTHIERS, Christian SAJOUS et Jacques THOMAS
ainsi que le Musée d'Aquitaine
et le Parc Naturel Régional des Landes de Gascogne
pour leur contribution à l'iconographie.

LE LITTORAL AQUITAIN

PAYSAGE ET ARCHITECTURE

**Cette deuxième édition de «Littoral Aquitain - Paysage et Architecture»
a été réalisé par le C.A.U.E. des LANDES.**

Délégation Régionale à l'Architecture   Bernard   Cònseil d'Architecture, d'Urbanisme
et à l'Environnement d'Aquitaine   WAGON   et d'Environnement des Landes

Les pins, en proie aux vents d'équinoxe, reprenaient en sourdine la plainte que leur enseigne l'Atlantique dans les sables de Mimizan et de Biscarrosse. De l'épaisseur des fougères s'élevèrent les cabanes de brande où les landais, en octobre, chassent les palombes. L'odeur du pain de seigle parfumait le crépuscule autour des métairies.

François MAURIAC *(Le baiser au lépreux)*

ISBN 2-86343-000-9

TABLE DES MATIERES

PREFACE

Sauvegarder les sites menacés, prestigieux ou modestes, qui appartiennent au patrimoine commun de la nation, les mettre en valeur pour le présent et au profit du plus grand nombre sont trois principes étroitement liés qui devraient commander la gestion de nos paysages.

Pour les plus rares d'entre eux que l'on rencontre en particulier sur le littoral, un cadre juridique global et spécifique va être prochainement mis en œuvre.

Dans cette perspective l'Etat a ainsi en Juillet 1983 lancé auprès des élus locaux, des organismes socio-professionnels représentatifs des activités maritimes, et des associations de protection de l'Environnement une large consultation intitulée «une loi pour le littoral». La loi qui vient d'être publiée définit les principes généraux d'aménagement et prévoit que pourront être instituées des prescriptions particulières à certaines parties du territoire à la demande des régions intéressées.

Les collectivités territoriales concernées, région, départements de la Gironde, des Landes et des Pyrénées-Atlantiques et les communes ont à cet effet souhaité prendre en compte la spécificité du littoral aquitain et se sont également impliquées dans le respect des grands espaces naturels libres d'urbanisation tout en favorisant le développement touristique et économique du littoral.

Mais au-delà des problèmes d'aménagement du territoire se pose également la question de la qualité du cadre de vie.

Ce livre sur le paysage et l'architecture du littoral aquitain tente d'y apporter des réponses et cherche aussi à convaincre de l'importance qu'il y a dans ces domaines à respecter les traces du passé pour les inscrire sur les chemins de l'avenir.

Les nombreuses créations qui sont présentées, fruit de l'analyse et de l'imagination, montrent que la région aquitaine attache un certain prix à la mise en valeur et à l'amélioration de son patrimoine paysager.

Puisse ce livre contribuer à élever le niveau d'exigence des aquitains en la matière et permettre l'intégration à part entière de ces thèmes appartenant au qualitatif, le paysage, l'architecture, l'environnement dans la gestion future de l'espace littoral aquitain.

Georges ABADIE
Préfet,
Commissaire de la République de la Région Aquitaine,
Commissaire de la République du département de la Gironde.

AVANT-PROPOS

Tout au long du littoral aquitain, de l'estuaire de la Gironde à celui de l'Adour, des mesures de sauvegarde du paysage ont été mises en place, que ce soit sur des sites étendus comme le rivage des Landes, le Médoc des étangs ou sur des sites ponctuels comme autour du bassin d'Arcachon avec notamment l'ensemble de la dune du Pilat et de la Forêt de la Teste. En raison de sa plus grande vulnérabilité, la chaîne des étangs et des «courants» côtiers est d'ailleurs particulièrement protégée grâce à son classement en passe d'être généralisé.

Ces mesures justifiées par la richesse et l'intérêt de ces paysages uniques en France résultat d'un long travail de l'homme sur l'espace ont pour objet d'en contrôler l'évolution future.

A cet effet et afin de veiller notamment à la qualité architecturale des constructions édifiées sur le littoral, diverses études ont été réalisées en particulier avec le concours du Conseil d'Architecture, d'Urbanisme et d'environnement des Landes et en liaison avec les organismes responsables de l'aménagement, entre autres la Mission d'Aménagement de la côte aquitaine.

Fondées sur des analyses du paysage, de sa formation, de sa composition, de son évolution probable compte tenu des schémas d'aménagement, elles ont permis d'élaborer des instruments de gestion à l'usage des responsables administratifs. Ceux-ci à l'instigation du Ministère de l'Environnement et du Ministère de l'Urbanisme du Logement et des Transports sont invités aujourd'hui à en expliquer le contenu et à en débattre dans la perspective de leur meilleure acceptation par les acteurs locaux.

C'est bien l'objet de cet ouvrage que de soumettre à la réflexion du plus grand nombre des dispositions prenant en compte les données caractéristiques de ces sites rares et fragiles, leur sensibilité à l'égard des aménagements afin de parvenir à une meilleure insertion dans le paysage des équipements et des constructions par l'implantation, les formes, les volumes, les matériaux, les couleurs et la végétation d'accompagnement.

Il ne s'agit pas de proposer des recettes mais de préciser les enjeux et de montrer que, comme l'histoire nous le prouve, chaque type d'espace, chaque mode de vie peut induire des projets architecturaux spécifiques.

Ainsi, en apportant au public des informations détaillées dans un domaine où il se sent de plus en plus concerné, ces conseils seront l'affaire de tous et chacun aura à cœur de s'y référer.

Enfin, cet ouvrage en même temps qu'il invite à porter un regard plus attentif sur notre région et ses richesses devrait être un instrument de promotion culturelle et touristique.

Patrick FAUCHEUR
Délégué Régional à l'Architecture
et à l'Environnement d'Aquitaine

VARIATION SUR LE PAYSAGE

L'ignorance de certaines notions primordiales finit par avoir des conséquences désastreuses que ni les lois, ni les règlements ne sauraient enrayer s'ils ne s'articulent pas sur les mœurs.

Ancré dans les mentalités, le paysage est depuis toujours considéré avec attention dans les pays Anglo-Saxons. Senti comme autre chose qu'un vague décor il est l'objet d'un soin général populaire. En France s'il est perçu, il n'est pas toujours compris et reste le plus souvent une donnée implicite de l'expérience, de l'action. On laisse aux peintres, songeons aux paysages impressionnistes à n'en pas douter les œuvres d'art les plus largement connues et appréciées, et aux photographes le soin d'en tirer parti. Cela tient peut-être aux difficultés qu'a eu la géographie française à appréhender ce concept qui fut l'objet de nombreux désaccords entre ses différentes écoles.

Considérée par certains comme un fourre-tout ambigu au contenu peu précis, purement et simplement évacuée par d'autres, la notion de paysage apparaît encore très appauvrie dans la définition trop naturaliste qu'en donne le Dictionnaire de la Géographie* : «Portion d'espace analysé visuellement. Le paysage est le résultat de la combinaison dynamique d'éléments physico-chimiques, biologiques et anthropiques qui, en réagissant les uns sur les autres, en font un ensemble unique et indissociable en perpétuelle évolution».
Fort heureusement sous l'impulsion de la reconnaissance et de la défense du patrimoine qui a connu ces dernières années un vif regain d'intérêt, le paysage est devenu une préoccupation plus largement partagée et ceci dans une acception extrêmement riche.

Dans son récent livre (Histoire du paysage Français**) Jean Robert Pitte en donne une parfaite illustration. Sa définition du paysage plus proche du sens commun est inspirée par les travaux des géographes Anglo-Saxons et des représentants d'autres disciplines tels que des historiens, archéologues, architectes, ethnologues... Elle peut se résumer par la formule suivante : «Le paysage est l'expression observable par les sens à la surface de la terre de la combinaison entre la nature, les techniques et la culture des hommes».

Le paysage c'est donc la réalité géographique perçue par les sens, la vue gardant, bien sûr, une place prééminente.

Exprimant les besoins matériels des hommes au travers de leurs techniques plus ou moins efficaces à transformer la nature, il reflète aussi leur culture et est une réalité culturelle objet d'observation, voire de consommation. En un mot le paysage est un signe plein de tous les besoins et de toutes les aspirations humaines.

Jean Robert Pitte ajoute que : «il est essentiellement changeant et ne peut être appréhendé que dans sa dynamique, c'est-à-dire dans le cadre de l'histoire... C'est seulement par l'étude des processus d'élaboration des paysages dans le passé que des aménagements non technocratiques pourront être réalisés aujourd'hui, dans le respect attentif des besoins et des goûts des hommes. Car le paysage, support de la vie, concerne chaque habitant qui en est l'héritier, l'auteur, l'utilisateur et, bien sûr, l'observateur admiratif ou consterné... La créativité retrouvée permettra seule d'échapper à la décadence qui a réduit le délicat paysagiste au rôle de peintre en bâtiment recouvrant son œuvre sensible d'un grossier badigeon de banalité».

Le présent ouvrage s'inscrit dans le droit fil de ces réflexions et nous espérons qu'il participera utilement à la sensibilisation du plus grand nombre pour que l'on puisse comme le réclamait déjà Victor Hugo en 1825 «arrêter le marteau qui mutile la face du pays».

Marc GERAULT
Inspecteur des Sites

NOTES :
*   Sous la direction de Pierre George - Paris - P.U.F. 1974.
** Taillandier - 1983.

INTRODUCTION

On parle souvent des Landes de Gascogne comme d'un tout dont le recouvrement forestier aurait effacé les particularismes, comme d'un grand paysage unifié sur cette vaste plaine de sable entre Garonne et Adour.

A cette échelle, le littoral breton, vendéen ou charentais paraît multiple ; les petits pays se succèdent avec autant de spécificité dans leur paysage naturel ou agricole que dans le mode de vie exprimé par l'architecture et le village.

Force est de constater qu'en Aquitaine un système paysager commun fait de trois unités de base, le massif dunaire, le réseau de plans d'eau et de zones humides et la forêt de pins, disposées parallèlement à la côte selon une même séquence, règne sur une longueur de 230 kilomètres. Les bourgs et villages sont très espacés les uns des autres, et l'habitat s'y présente souvent sous forme dispersée. Les villes, hormis celles du Bassin d'Arcachon dont une partie constitue une conurbation, sont inexistantes. Le paysage des Landes de Gascogne est monolithique dans sa perception globale et donne l'impression d'être une entité naturelle immuable.

Pourtant *la création de cette image* est récente et précède à peine la naissance des cités balnéaires, annonciatrices du nouvel essor régional. Ce n'est qu'au début du XIXe siècle que l'Etat prend en charge l'ensemencement systématique des dunes littorales pour leur donner l'aspect que nous leur connaissons aujourd'hui. Bien que le boisement ne soit pas une opération rare, la reconquête forestière d'étendues aussi importantes en un demi-siècle a fait apparaître comme phénoménale la création du paysage aquitain des Landes de Gascogne. L'exigence de constituer, sous la menace des sables et la pression d'impératifs économiques, un nouvel équilibre de l'espace, a montré combien l'intervention d'un opérateur puissant, en l'occurrence l'Etat de 1801 à 1876, se trouvait être l'unique moyen pour le reconquérir rapidement. Ceci permet de faire le rapprochement avec l'action, un siècle plus tard, d'un nouvel opérateur d'Etat, la Mission Interministérielle d'Aménagement de la Côte Aquitaine en vue de l'exploitation touristique de cet espace neuf. Cette volonté d'aménagement coordonné du littoral aquitain rejoint ainsi dans son échelle la notion d'unité monolithique formant le grand paysage des Landes de Gascogne. L'action humaine à la recherche de l'efficacité ne pouvait pas faire abstraction de cette donnée essentielle et était même tenue de s'y adapter.

Mais outre son image de marque fondée sur l'existence d'espaces naturels immenses, le littoral aquitain offre par contraste la diversité de ses sites, propre au monde rural, urbain et balnéaire.

Historiquement le thème «urbain» qui s'y est le mieux inscrit est l'airial, chef-lieu d'exploitation landais. Ensembles de bâtiments indépendants les uns des autres et répartis sur une pelouse plantée de chênes, ils imprimeront aux bourgs par osmose une physionomie très aérée. Plus tard les villas balnéaires apporteront leur connotation pittoresque sous forme d'édifices isolés au cœur d'un jardin. Enfin les villages de vacances exploiteront au mieux l'idéal de séjour dans la nature. En un siècle, chaque fonction, chaque mode de vie a accumulé l'architecture spécifique lui correspondant et ceci contrairement aux processus de colonisation de bourgs anciens que l'on connaît dans les autres régions littorales riches en villages constitués où la maison de paysan ou de pêcheur devient résidence de plaisance.

Cette capacité d'invention de l'architecture adaptée au site et au programme se poursuit largement de nos jours : des ensembles se forment progressivement ; de nouveaux paysages urbains apparaissent.

Un paysage naturel répondant à la logique de la protection des dunes et de l'exploitation forestière, des paysages urbains caractérisés chacun par leur fonction, peuvent faire illusion et donner l'image idéale d'une entité neuve, ouverte aux innovations et indissoluble. Mais les contradictions ne manquent pas et comme sur de nombreux sites côtiers ces dernières années, sans schémas directeurs et sans protections particulières, l'implantation en front de mer se serait généralisée malgré l'instabilité des dunes et les agressions du milieu marin, les rives des lacs auraient été gangrénées d'installations plus ou moins précaires, et les villages ruraux, les cités balnéaires auraient laissé place à des ensembles de logements bien souvent banalisés.

Toutefois en dépit des efforts globaux d'aménagement et de protection, il existe une «érosion» du paysage, une usure sournoise de son image. L'impression de nature, de site caractérisé s'estompe à l'occasion de chaque aménagement ponctuel. En s'ajoutant la route, le sentier balisé, l'équipement de loisir, le village intégré etc. rompent l'unité et l'intégrité du site. De même l'accumulation d'éléments intermédiaires dans un bourg, l'excès de décors architecturaux, du mobilier urbain aux façades commerciales, l'extrême diversité des formes et des volumes, des immeubles en logements collectifs aux villas des lotissements, dégradent l'image reconnue de la cité sans que les responsables ne se le soient imaginé.

Devant ces mutations souvent insidieuses et inexorables, il est de la responsabilité collective, à la fois des élus communaux, des responsables des services administratifs, des opérateurs, maîtres d'ouvrage et maîtres d'œuvre, et de la population directement concernée par la qualité du cadre de vie de se donner les moyens de maîtriser la pérennité de cette richesse régionale qu'est le paysage. Cela suppose une lecture approfondie du paysage susceptible d'en définir les potentialités par une analyse et une hiérarchisation de ses éléments caractéristiques, et d'en clarifier l'évolution par la détermination d'attitudes adaptées aux difficultés et aux exigences ainsi repérées.

C'est une des ambitions de cet ouvrage que d'essayer d'y aider en proposant dans un premier temps d'extraire des multiples facettes des sites des Landes de Gascogne, les éléments essentiels, dominants qui sont l'expression du lien tissé entre l'homme et le territoire au cours de l'histoire.

L'ouvrage tente ensuite une exploration du contenu de ces éléments caractéristiques essentiels et une compréhension de la logique qui les a façonnés.

Avec en filigrane l'idée que la moindre erreur peut compromettre l'harmonie de l'ensemble, rompre l'équilibre établi, risquer d'ôter au paysage toute sa personnalité, il s'attache enfin à cerner les attitudes, les interventions possibles pour que l'évolution des sites s'inscrive dans la continuité d'une histoire et non pas dans la négation ou la «folklorisation» de toute référence géographique ou culturelle. S'il semble souhaitable en règle générale de respecter les structures fortes et de renforcer les structures faibles, ces attitudes et leurs traductions architecturales peuvent être multiples, aller de la soumission à un paysage naturel ou bâti jusqu'à la création d'un site original en passant par l'affirmation, la sublimation du site.

Cette démarche en trois étapes sera successivement appliquée au domaine naturel et au domaine construit de manière à distinguer l'analyse du problème posé par l'insertion du bâti dans des espaces naturels de celle de l'implantation dans un milieu traditionnellement peu peuplé et profondément modifié sous le coup du développement touristique. Sa réussite serait qu'ainsi il apparaisse à tous qu'aucun aménagement n'est neutre ou mieux qu'il est possible d'adopter une réponse technique et architecturale spécifique au contexte particulier de chaque site, de chaque unité paysagère, qui sera la véritable expression d'un besoin, d'une volonté politique et non plus sa banalisation.

Deux remarques fondamentales peuvent peut être enfin éclairer le lecteur sur l'esprit dans lequel cet ouvrage a été rédigé.

Bien entendu, suivant l'échelle considérée, on peut voir s'affirmer des caractères différents. Mais l'appréciation des particularismes et du pittoresque des «micro-sites» ne doit pas masquer l'essentiel qui se situe au niveau des constantes. Que la lecture du paysage permette aux responsables locaux comme aux particuliers de préciser la vision du site qui les préoccupe ne doit pas les dégager de la responsabilité globale et de la nécessaire cohérence au-delà des frontières communales et départementales. Cela se justifie d'autant plus que, comme nous l'avons vu, il existe sur l'ensemble du littoral des Landes de Gascogne un système paysager commun, fait d'espaces infinis de forêts et de dunes, coupés par une gouttière pré-littorale, ponctués de bourgs et de villages aux antennes balnéaires en retrait des sables des plus grandes plages d'Europe.

La seconde concerne le danger du pastiche. La solution qui consiste à imposer le pastiche d'une architecture régionale est une solution de facilité qui menace la création architecturale et qui est une tentative factice de restitution d'une mémoire populaire occultée. Les paysans ont imaginé en fonction de leurs identités culturelles des façons de construire, des techniques, des formes qui, d'un bourg à l'autre, d'une région à l'autre, répondent de manière très diverses à des problèmes somme toute assez constants. Ceci est à proprement parler inimitable.

Le néo-régionalisme des promoteurs et constructeurs n'a d'ailleurs conservé du passé que des éléments la plupart du temps décoratifs au risque de sombrer dans un folklore passif et désuet. Il se complait également dans le rustique alors que bien souvent l'architecture vernaculaire tentait de s'en écarter, la rusticité étant plus pour elle signe de pauvreté que d'écologisme. Il a multiplié des pratiques absentes de beaucoup d'architectures rurales comme les crépis grossiers, les linteaux et poutres apparentes, les fenêtres à petits carreaux... Le néo-régionalisme est ainsi avant tout l'expression d'une «inculture régionale», un produit de marketing comme un autre, la «matérialisation d'un souvenir préfabriqué*».

L'histoire du paysage ne gagnera rien à la poursuite d'impossibles nostalgies et à une prolifération d'architectures pastiches faites de références caricaturales au passé.

L'architecture régionale d'autrefois a exprimé souvent avec bonheur la manière de vivre d'une époque, a apporté dans le paysage une créativité. Il ne peut y avoir d'autre objectif à l'architecture contemporaine que d'exprimer également notre propre culture et de s'associer à une certaine mémoire régionale.

L'architecture moderne à de nombreux acquis dont on peut tirer le plus grand profit. Selon Claude Parent, elle a apporté à l'homme la lumière en la faisant pénétrer à l'intérieur, elle lui a apporté le plan libre, l'espace intérieur ouvert, le lieu décloisonné, l'adaptabilité de l'espace pour une souplesse d'utilisation. L'architecture moderne a apporté l'asymétrie, a introduit et généralisé l'angle à 120° qui permet au construit de se faufiler au plus près dans le paysage. Elle a découvert le porte-à-faux, le mouvement de la masse en surplomb, l'effet de transparence.

«L'architecture moderne a donné à la construction des hommes la vie, le mouvement, la liberté». Elle doit avoir sa place dans ces paysages dont on connaît maintenant la fragilité et que l'on a vu changer en vingt ans comme ils ne l'avaient pas fait sans doute depuis des siècles.

NOTE :
*S. Ostrowetsky et J.S. Bordreuil, le néo style régional - Dunod.

PREMIÈRE PARTIE

LE GRAND JARDIN
DE L'AQUITAINE

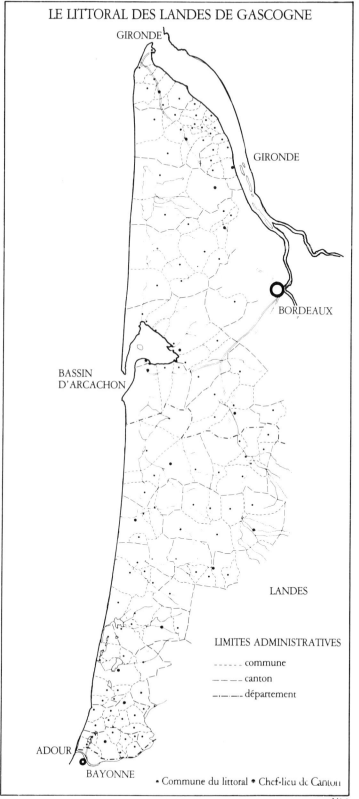

LE LITTORAL DES LANDES DE GASCOGNE

GIRONDE

GIRONDE

BORDEAUX

BASSIN
D'ARCACHON

LANDES

LIMITES ADMINISTRATIVES

- - - - - - commune

- - - - canton

- - - - - - département

ADOUR

BAYONNE

• Commune du littoral • Chef-lieu de Canton

N° 1

Une précision semble d'emblée nécessaire. Dans cet ouvrage il ne sera pas question à proprement parler du littoral aquitain mais uniquement de la façade atlantique des départements de la Gironde et des Landes.

L'assimilation entre le littoral aquitain et cette entité bien individualisée où les Landes de Gascogne rejoignent l'océan est compréhensible et tentante - nous y succomberons à plusieurs reprises - mais n'est pas extrêmement rigoureuse dans la mesure où la région Aquitaine englobe les pays du piémont pyrénéen. Il leur correspond un littoral d'une trentaine de kilomètres où la montagne et la mer composent des paysages proches de ceux de certaines côtes bretonnes ou méditerranéennes.

Quoi qu'il en soit, même si ce qualificatif régional est utilisé, nos réflexions ne porteront que sur l'espace littoral situé entre l'estuaire de la Gironde et l'Adour, c'est-à-dire l'ensemble des cantons côtiers des départements de la Gironde et des Landes.

Cette bande de territoire qui s'étend sur plus de deux cents kilomètres est intimement liée à cette partie de l'hexagone toujours appelée Landes de Gascogne et sur laquelle les cartes de France sont peu bavardes : guère de villes, une large tache verte triangulaire et la longue côte rectiligne simplement interrompue par le Bassin d'Arcachon.

Pourtant son histoire et sa géographie sont plus tourmentés qu'il n'y paraît et l'ampleur des modifications qu'a subi ce pays a de quoi impressionner.

LES LANDES DE GASCOGNE : LE SABLE ET L'EAU

N° 2

Par suite des variations du niveau de la mer et des mouvements verticaux de l'écorse terrestre, les lignes de rivage et les paysages côtiers ont varié constamment au cours de l'histoire géologique.

Toutefois, bien que de durée très faible (3 millions d'années) la dernière ère de l'histoire de la terre, le quaternaire, qui peut se présenter essentiellement comme l'époque d'apparition et de développement de l'homme et comme celle des pulsations glaciaires, a modelé durablement le paysage de la France et a en particulier profondément modifié les côtes par ses variations climatiques de grande amplitude.

Toute cette récente histoire de la terre est en effet dominée par l'apparition de glaciations, durant lesquelles règne un climat froid comparable à celui de la Sibérie actuelle, séparées par des périodes interglaciaires. A chacune des six glaciations que l'on dénombre en Europe de l'Ouest (Biber, Darau, Günz, Mindel, Riss et Würm) correspond un abaissement du niveau de la mer ou régression s'expliquant par la quantité d'eau immobilisée dans les calottes et à chaque interglaciaire une remontée ou transgression.

Pour les Landes de Gascogne la dernière glaciation du Pléïstocène (le Würm) est caractérisée par une régression sur plusieurs

19

dizaines de kilomètres du littoral atlantique et par un climat de type froid et aride où le vent joue un rôle prépondérant dans la géomorphologie : les dépôts fluviatiles de sable se trouvant exondés ont été, sous l'action des vents d'ouest, étendus sur l'ensemble de la zone actuelle des Landes de Gascogne en constituant une plaine sableuse uniforme de plus de 10.000 km².

Déjà modifié à la fin du Pliocène et au Pléistocène inférieur et moyen, sous l'effet de mouvements tectoniques, le réseau hydrographique a alors dû se réorganiser ce qui explique que nombre de ruisseaux et de rivières n'ont pas eu le temps de s'établir suffisamment pour assurer un bon drainage.

L'écoulement des eaux a encore été contrarié dans la période succédant à la mise en place du sable des Landes.

La transgression post-würmienne (dite aussi flandrienne -s'étend de 16000 ans av. J.C. jusqu'aux premiers siècles de notre ère - et pour sa phase finale dite dunkerquienne - jusqu'au XII siècle ap. J.C. -) s'est en effet traduite par une remontée des eaux d'une ampleur de 120 mètres. Sur tous les hauts fonds constitués par les régions littorales ainsi envahies par la mer, le processus évolutif est le même : remblaiement des baies nouvellement créées et formation d'un cordon dunaire sous l'effet conjugué de la houle et des courants, les grands fleuves voisins chariant toujours du sable en grande quantité. Puis de plus en plus larges, les cordons littoraux se ferment et, en bloquant l'écoulement des cours d'eau vers l'océan, isolent des lagunes qui peuvent parfois communiquer avec lui par des chenaux (en Aquitaine les boucaux).

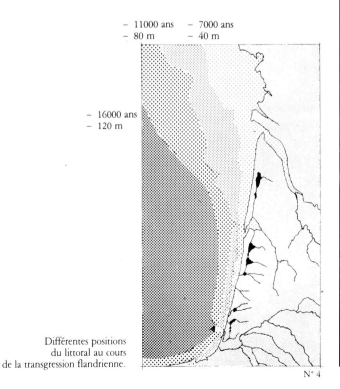

- 11000 ans   - 7000 ans
- 80 m   - 40 m

- 16000 ans
- 120 m

Différentes positions du littoral au cours de la transgression flandrienne.

EVOLUTION PALEOGEOGRAPHIQUE DES LANDES DE GASCOGNE

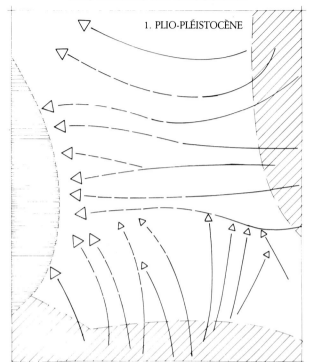

1. PLIO-PLÉISTOCÈNE

Les fleuves et les rivières vont directement à l'océan.   N° 5

2. PLÉISTOCÈNE

Modification du réseau hydrographique.   N° 6

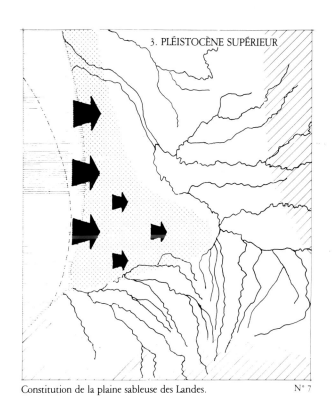

Constitution de la plaine sableuse des Landes.   N° 7

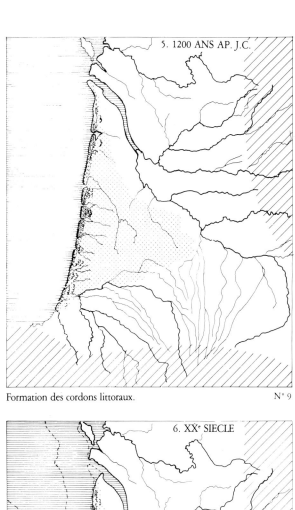

Formation des cordons littoraux.   N° 9

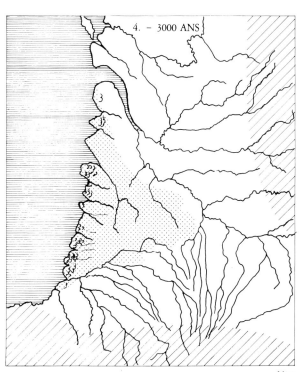

Formation du massif dunaire aquitain.   N° 8

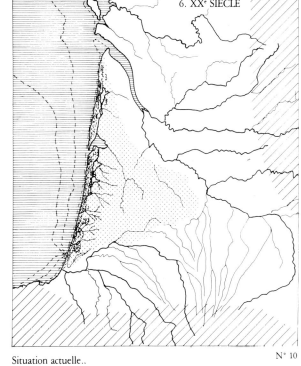

Situation actuelle..   N° 10

On peut schématiquement distinguer deux phases dans la morphogénèse de ces différents systèmes dunaires.

LES DUNES ANCIENNES

Le passage, entre 4000 et 3000 av. J.C., a un climat sec aux vents d'Ouest violents, entraîne la formation de dunes continentales ou dunes anciennes paraboliques (effilées, dirigées au vent, avec une pente Ouest assez douce alors qu'à l'Est c'est un talus d'éboulis sableux incliné à 35 %). Ce sont elles qui vont barrer les talwegs des rivières et former les étangs sans toutefois supprimer les exutoires directs vers l'océan.

DUNES ANCIENNES

L'importance des dunes anciennes en Marensin est due :
- A des apports sableux très importants par des rivières vigoureuses sillonnant le cône pyrénéen.
- A un climat plus doux et plus humide qui a permis plus rapidement la création d'une couche végétale.
Ces massifs sont actuellement oblitérés par les dunes modernes d'une puissance exceptionnelle.
LARGEUR DU MASSIF ACTUEL :
1 à 2 kms au nord de Léon
5 kms à la hauteur de Moliets
10 kms au sud d'Azur

LES DUNES MODERNES

Jusqu'aux premiers siècles de notre ère, pendant la transgression dunkerquienne, on assiste à la construction par vagues successives des cordons de dunes modernes en croissant (barkhanes, cornes peu développées dirigées sous le vent, avec leurs abrupts d'envahissement tournés vers l'intérieur des terres) dont la dernière génération constitue la dune bordière. Elles recouvrirent une partie importante du système parabolique ancien et provoquèrent la fermeture totale des étangs du nord (Hourtin, Carcans, Lacanau, Parentis-Biscarrosse, Cazaux-Sanguinet) alors que ceux du sud, en raison du faible développement des dunes modernes, du débit plus important et de la forte pente du réseau hydrographique les alimentant, conservèrent leurs exutoires.

DUNES MODERNES
JUXTAPOSITION DE CORDONS DECROISSANT VERS LE SUD :
- 5 à l'ouest de l'étang de CAZAUX
- 7 en avant de la montagne de BISCARROSSE
- 12 dans le massif de SAINTE-EULALIE
- 7 à 8 vagues au nord de CONTIS
- 4 cordons à SAINT-GIRONS
- 2 cordons à VIELLE

---

4 MASSIFS ISOLES D'ETENDUES VARIEES AU NORD

PETITE MONTAGNE D'ARCACHON
Aujourd'hui très dégradée par l'extension de la ville

MONTAGNE DE LA TESTE
Trapèze de 4 kms de base par 9 kms

MONTAGNE DE BISCARROSSE
Où les paraboles soudées dessinent des dunes en râteau

MASSIF DE STE-EULALIE
Réduit à quelques dunes paraboliques de faible importance

1 SEUL VASTE MASSIF AU SUD

• D'une grande ampleur

• Qui s'étend depuis St-Girons jusqu'à Ondres sur 25.000 ha

• Séries d'alignements de générations différentes dessinant de larges festons

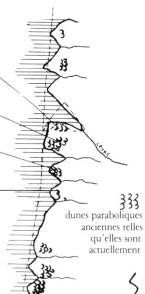

dunes paraboliques anciennes telles qu'elles sont actuellement

ligne du rivage hypothétique à la fin de la transgression

N° 11

MASSIF DE DUNES MODERNES IMPORTANT A L'OUEST DES ETANGS GIRONDINS

Seule l'Eyre a gardé son estuaire avec le Bassin d'Arcachon

MASSIF AMPLE **MASSIF DE DUNES MODERNES LE PLUS IMPORTANT**

Au nord du courant de MIMIZAN des dunes isolées vont vers l'intérieur (7 kms) ce qui suppose une grande mobilité dans un passé très proche

CORDON ETROIT **ZONE DE DEGENERESCENCE**

Formes de transitions avec cordon dans le même alignement

ABSENCE CORDON MODERNE

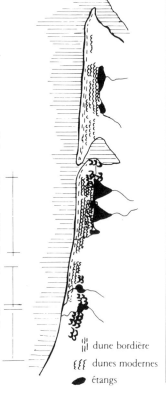

||| dune bordière

ʃʃʃ dunes modernes

⬤ étangs

UNE «CREATION» DU XIXᵉ SIECLE

En arrière de ce massif dunaire mouvant au pied duquel les eaux se sont donc accumulées en une véritable gouttière, l'immense plaine sableuse qui repose sur une couche de grès (l'alios) imperméable favorisant la formation de marécages et les inondations hivernales, est le domaine de la lande humide.

Chaque année dès la fin de l'automne toute la masse des sables est gorgée d'eau et la majeure partie de ces landes est inondée jusqu'au printemps. Les précipitations diminuant alors, le niveau de la nappe phréatique baisse progressivement jusqu'à ce qu'en été les landes s'assèchent et que de nombreuses lagunes éparses, dépressions de quelques dizaines de mètres de diamètre, se maintiennent dans la vaste plaine. Les inondations répétées ne favorisant pas l'occupation par une végétation arborescente, ces espaces sont essentiellement couverts par des formations végétales denses de bruyères (la brande) et d'ajoncs auxquelles sont associées des graminées dont la molinie dans les secteurs les plus humides. Cette végétation basse adossée aux boisements des massifs de dunes anciennes (les dunes modernes étant nues) n'est interrompue que le long des quelques petites vallées qui parcourent la lande. Leurs versants bien drainés permettent en effet la croissance de bois de pins et de chênes qui peuvent former de véritables forêts-galeries. Cette lande sèche apporte ainsi les seules perturbations dans les étendues monotones du paysage landais.

Malgré l'opposition parfois farouche de la maigre population qui subsistait grâce à une économie pour l'essentiel de type agro-pastorale (cf. 2ᵉ partie), ce paysage ne survivra pas aux entreprises du XIXᵉ siècle. Si les paysans landais se sont bien souvent efforcés avec leurs moyens d'assainir la région ils étaient avant tout soucieux de préserver leurs parcours à moutons, mais ces immensités de terres incultes vont attiser la convoitise des milieux d'affaires dès la fin du XVIIIᵉ siècle et entraîneront l'Etat dans une gigantesque reconquête de l'espace : fixation des dunes modernes, assainissement et boisement généralisé de la lande.

Zone jugée très critique en raison de la progression incessante des sables vers l'intérieur, les dunes littorales sont les premières à faire l'objet de travaux à grande échelle. Reprenant le projet de l'Ingénieur Brémontier, l'Etat entreprend leur ensemencement systématique au début du siècle dernier : de l'Oyat (ou Gourbet) sur les dunes les plus proches de l'océan et des pins sur celles de l'intérieur. Soixante quinze ans plus tard, l'Etat sera à la tête d'une forêt domaniale d'environ 70.000 hectares. Depuis cette époque, l'homme a profondément remanié voire quasiment édifié la dune bordière pour en faire un cordon dunaire de protection. Cette dune littorale (section moyenne de 2.000 m² et hauteur moyenne de 15 mètres) constitue ainsi le plus long ouvrage d'aménagement de la bordure côtière en France.

Parallèlement à la lutte contre la marche envahissante des sables vers l'est, la mise en valeur de la lande est engagée et connaîtra son apogée après la promulgation de la Loi 1857 qui prescrit

N° 12

23

en son article premier : «Dans les départements des Landes et de la Gironde, les terrains communaux actuellement soumis au parcours du bétail seront assainis et ensemencés et plantés en bois aux frais des communes qui en sont propriétaires». Les travaux d'assainissement conduit sur une vaste échelle ont consisté en l'aménagement sur toute la lande humide d'un réseau hiérarchisé de fossés au tracé rigoureux mais également en des interventions au niveau de la chaîne des étangs. Ainsi par exemple 8.000 hectares ont été assainis après la réalisation d'un canal reliant au Bassin d'Arcachon le plan d'eau unique qui occupait le littoral médocain en provoquant sa partition en deux étangs, au Nord celui de Hourtin-Carcans, au Sud celui de Lacanau. D'autres étangs ont été entièrement asséchés comme ceux de Saint-Julien, Lit et Mixe et Orx. Des pins maritimes sont ensuite semés sur toutes ces terres assainies tant et si bien que de 1857 à 1914 la forêt passera de 280.000 à 1 million d'hectares.

BISCARROSSE, Moulin à vent (avec Jeanne LABAT, d'En-Meyrê).

COMMENSACQ, Brebis dans la Bruze.

COMMENSACQ, Bouhét. Résiniers aux «Barques».

DE GRANDES UNITÉS PAYSAGÈRES

Depuis cette époque le paysage des Landes de Gascogne n'a pas subi de nouvelles mutations aussi spectaculaires malgré les nombreuses révolutions industrielles et économiques qu'a connu le début du XXe siècle. Restées en marge, au propre comme au figuré, de ces grands développements, les Landes de Gascogne sont cependant confrontées depuis peu à l'introduction et à la généralisation de la maïsiculture intensive et surtout à la civilisation du loisir et à l'aménagement touristique de l'espace.

Elles disposent en effet d'atouts considérables comme l'illustre la liste des «records de la nature» dont elles peuvent se prévaloir : la plus longue plage de sable d'Europe, le massif dunaire le plus long et le plus haut d'Europe puisqu'il atteint 104 mètres au Pilat et couvre environ 90.000 hectares, le plus grand plan d'eau de France avec l'étang de Carcans-Hourtin qui s'étend sur environ 5.500 hectares, une chaîne de zones humides unique en Europe, la plus vaste forêt de France avec une superficie de 10.000 km².

Merveilleux support touristique, cette nature «sauvage» traditionnellement peu peuplée (cf. deuxième partie) dont nous jouissons encore aujourd'hui se présente en trois unités aux dimensions exceptionnelles disposées parallèlement à la côte : le massif dunaire, la chaîne des étangs et la forêt de pins. Nous les retrouvons toutes trois dans notre aire d'étude et nous allons voir que leur gigantisme cache souvent une grande fragilité et que toute intervention humaine doit être mûrement réfléchie sous peine de rompre des équilibres toujours précaires malgré les apparences.

Ce sont les manifestations de la pression humaine immédiatement perceptibles sur le paysage qui nous intéresserons mais on ne doit pas ignorer l'incidence de phénomènes comme l'accélération de l'érosion et de l'ensablement des cours d'eau, le comblement et la pollution des étangs du littoral, la régression continue des zones humides.

1

LE MASSIF DUNAIRE
LITTORAL

UN IMPRESSIONNANT
MASSIF DUNAIRE

Le massif dunaire aquitain, compris entre l'océan et la ligne des étangs, est le plus long et le plus haut d'Europe puisqu'il atteint 104 mètres au Pilat et couvre environ 90.000 ha. Ce phénomène, à la fois landais et girondin, s'étend sur près de 200 km de côte, de la Pointe de Grave à l'embouchure de l'Adour. Selon la latitude, l'ampleur du massif varie de quelques centaines de mètres à plusieurs kilomètres. S'il commence vraiment à se dessiner au sud de Montalivet, il atteint 8 km à la hauteur de Biscarrosse et va ensuite en s'amenuisant vers le sud. Ces différences de largeur sont essentiellement dues à l'inégale fourniture de sable le long du littoral.

L'ensemble du massif est formé de plusieurs cordons juxtaposés parallèlement à la côte et composés de dunes appartenant à des générations successives qui, d'est en ouest, sont appelées dunes anciennes, modernes et bordières. Ces différents cordons sont

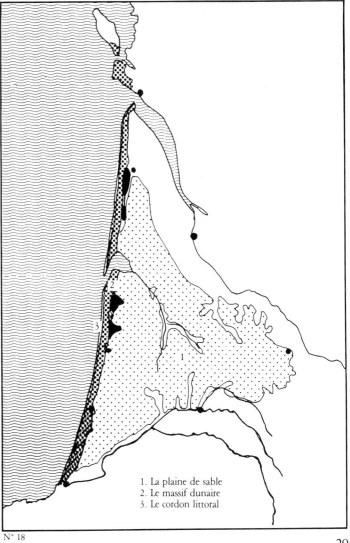

1. La plaine de sable
2. Le massif dunaire
3. Le cordon littoral

Chêne
pédonculé

Arbousier

Genêt

Ajonc

séparés par des couloirs à fond plat, humides et herbeux appelés lettes ou lèdes où pacageaient autrefois les troupeaux.

Le paysage que nous pouvons admirer aujourd'hui est le résultat du travail acharné des hommes du siècle dernier qui ont profondément remodelé un milieu naturel de sable nu, resté longtemps désert et hostile. La dune bordière est seulement couverte de gourbet qui fixe les sables en limitant leur progression vers l'intérieur du pays, tandis qu'une forêt de pins maritimes, régulière, homogène et tramée par des pare-feux, couvre les cordons de dunes modernes. Les massifs anciens à l'est et au sud sont le siège d'une forêt spontanée très ancienne, mixte (pins et feuillus), plus touffue.

LA STABILITE DES DUNES ANCIENNES

UNE FORET MIXTE SPONTANEE

Encore aujourd'hui, la forêt des vieux massifs dunaires avec sa végétation exubérante et confuse s'oppose aux pinèdes des dunes modernes, divisées en parcelles géométriques et traitées en futaies régulières. C'est une forêt mixte composée de pins maritimes mais aussi de feuillus tels que chênes pédonculés, tauzin, ou vert, arbousiers, houx et pruneliers... qui l'ont rendue particulièrement résistante aux incendies. Certainement spontanée, elle a permis de fixer très tôt les vieilles dunes, stoppant leur marche vers l'est et la menace d'envahissement qui pesait sur l'arrière-pays. Elle a fait de ces dunes un monde hospitalier qui représentait un réservoir de ressources exceptionnel pour ces pays particulièrement pauvres et déshérités. En effet, les pins y ont été depuis des siècles gemmés, souvent à mort, abattus et carbonisés pour récolter résine et goudron. Ces activités, connues depuis l'antiquité, se sont vraisemblablement perpétuées selon les mêmes techniques artisanales jusqu'au XIXe siècle. Ainsi dès le XVIe siècle, des cargaisons de «gemme», «roustines», «arcanson», «galipot», «tormentine», «brais, goudron, et franc encens» quittent les ports de La Teste et de Bayonne. Certains de ces produits, vendus sous forme de pains moulés dans le sable, comme le brai sec ou arcanson et le brai clair ou résine jaune, servaient à la fabrication de torches, de savons, ainsi qu'à l'encollage du papier. Au XVIIe siècle, les barriques de goudron étaient destinées essentiellement aux fabricants de cordages et de bateaux car il servait à «calfater» les coques pour les rendre étanches.

Ces méthodes d'exploitation intensives, anarchiques et sans technique rigoureuse ne semblent pas avoir compromis l'existence de ce massif dont la régénération se faisait naturellement au hasard des abattages.

En Marensin, le chêne liège qui semble avoir fait partie de la flore primitive, pousse en sous étage du pin maritime. Il a fallu attendre 1850 pour qu'il fournisse des ressources appréciables à la région (ateliers de Tosse, Vieux Boucau et Soustons), les anciens procédés ne produisant qu'un liège de faible qualité.

LES FORETS USAGERES

Représentant aux yeux des habitants de ces contrées une richesse exceptionnelle, ces massifs anciens furent l'objet de maintes convoitises. Cependant certains d'entre eux comme la Montagne de La Teste et la Montagne de Biscarrosse furent exploités par l'ensemble de la communauté et devinrent des «forêts usagères» dans des conditions juridiques et foncières bien particulières.

Ainsi, grâce à des concessions seigneuriales très anciennes, les habitants de ces paroisses avaient obtenu de leur seigneur des droits d'usage, comme prendre le mort ou vert qui leur était nécessaire, y exploiter la résine et y amener leurs troupeaux.

La maintenance de ces droits ne s'est pas faite au cours des siècles sans quelques difficultés. Ainsi vers 1276, le Sir Pommiers, voulut interdire aux biscarrossais l'usage de la forêt. Ces derniers firent appel au Roi d'Angleterre, Prince d'Aquitaine, qui en 1277 leur donna liberté *«de faire comme leurs avanciers qui ont été par tant de temps qu'il n'est pas mémoire de contraire et sans nul empeschement et pertubement que nulle personne ne leur ait fait... et faire gomme et résine... et de faire toutes leurs autres volontés comme de leur propre chouse et de leur propre héritage...».* Tout ceci fut confirmé par la charte établie en 1418 par Edouard d'Angleterre, qui stipule que *«les dits manants auraient entre eux divisé et partagé la dite montagne pour en retirer de qu'il en provient chacun dans sa part et portion qui leur était obvenue, desquelles parts et portion du depuis chacun à disposer à son plaisir et volonté».* Et entre autres libertés non moins considérables, le Roi permet *«de construire des fors pour faire la poix... couper du bois vert pour les bâtisses, et du sec pour le chauffage».*

N° 20

Cabane de résinier en forêt usagère de Biscarrosse.

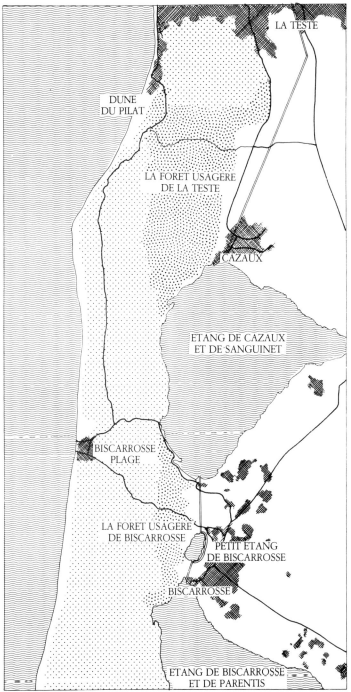

N° 21

Pin «gemmé à mort» en forêt usagère de Biscarrosse.

Pour les habitants des trois paroisses de La Teste, Gujan et Cazaux, c'est la baillette de 1468 qui confirme le même type de droits. Mais au lieu d'utiliser ces droits de façon indivise, ceux-ci avec l'appui du Captal qui y voyait une source supplémentaire de revenus, ont procédé à un partage de l'ensemble en parcelles ou «tros de pinhadar». Ainsi dès 1500, deux types d'usagers sont apparus dans les textes relatifs à des transactions privées telles que mutations, échanges ou successions :
- les usagers ordinaires autorisés au seul usage du bois mort et vif,
- les «tenans pins» ou «ayants pins» qui moyennant paiement au seigneur d'une taxe dite «gemmayre» étaient autorisés à exploiter la résine.

Très vite, ces derniers ont œuvré pour transformer leurs droits d'usage en propriété et se sont comportés, malgré la précarité de leurs droits, en véritables tenanciers de ces biens, léguant et vendant «leurs terrains boisés».

Ce curieux mélange de droits a subsisté jusqu'à nos jours, interdisant aux «propriétaires» de couper les arbres et de clôturer les parcelles, qui, jusqu'à un passé assez récent, étaient matérialisées par des «pins bornes», jamais gemmés ni abattus et qui avec l'âge atteignaient de grandes tailles.

Quant au droit d'usage, il a été maintenu et permet aux habitants de La Teste et de Gujan de «*prendre pour leur usage exclusif le bois mort pour leur chauffage et le bois vif nécessaire à la construction et à l'entretien de leur habitation et de leur bateau*». Mais les modalités d'application de ces droits demeurent d'une grande complexité car «*elles visent à limiter les abus et à réserver jalousement l'utilisation aux seuls usagers*». L'attribution du bois vif est faite gratuitement par les syndics mais sur devis établi par un homme de l'art. Le garde-montagne assermenté désigne les pins vifs attribués à l'usager qui reste responsable de l'abattage, du transport et de l'utilisation sous contrôle des syndics. Tout commerce de bois concédé est formellement interdit, ainsi que toute cession à des non-usagers. Le bois ne peut être utilisé ni pour la construction de maisons nouvelles destinées à la location, ni pour celle de bâtiment à destination commerciale ou industrielle (ostréiculture et artisanat exceptés). Un bateau construit avec du bois d'usage ne peut être vendu par l'usager propriétaire à un non-usager dans les dix ans suivant l'utilisation de ce bois, ni renouvelé dans les mêmes délais sinon suite à un naufrage.

Ainsi depuis le bas Moyen Age a existé une forme de sylviculture extensive destinée à assurer la production régulière de divers matériaux indispensables à l'économie locale : bois d'œuvre, bois de chauffage, gemme... Ce système de production mixte et organisé était très peu courant en Europe Occidentale avant le XVIIIe siècle. Il a abouti, malgré un substratum dunaire fragile et un sol squelettique, à ce type original de forêt d'essences mélangées, sorte de chênaie-pineraie que l'on connaît aujourd'hui grâce à quelques rares vestiges.

LE DEPLACEMENT DES DUNES MODERNES

LA MOBILITE DES SABLES

Non fixées par une végétation spontanée comme le massif ancien, les dunes modernes semblent avoir fait peser sur l'arrière pays une menace d'envahissement par les sables inexorable dont quelques épisodes célèbres ont fortement marqué les esprits. En effet, si la mobilité des dunes modernes au cours des siècles qui ont précédé leur fixation, est indéniable, elle n'a toutefois pas atteint les proportions que certains partisans de la fixation ont bien voulu leur assigner. Aucun fait ne permet d'affirmer un déplacement spectaculaire de l'ensemble des grands cordons modernes.

Seuls les témoignages des ingénieurs chargés d'étudier la fixation au début du XIXᵉ siècle peuvent constituer des preuves tangibles : *«Nous avons fait planter en 1832, à l'est de diverses châines (des dunes en vague de Mimizan) des poteaux portant inscription de leur distance au pied de chaque dune, avec l'heure et le jour. L'expérience a été menée jusqu'en 1835 ; l'avance annuelle des plus hautes dunes en vagues serait de 5 m, celle des dunes de la côte de 10 à 15 m...».*

N° 23

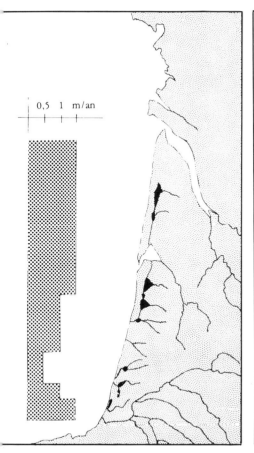

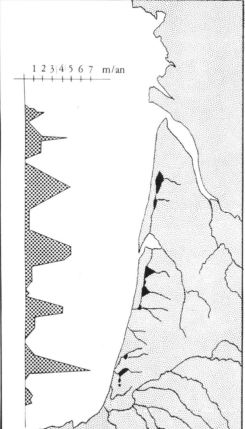

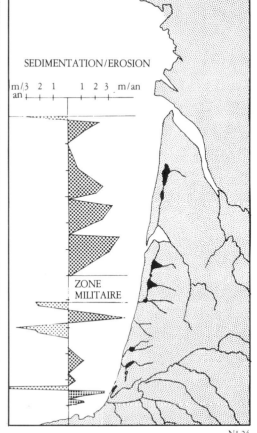

N° 24

Recul moyen annuel du trait de côte entre les embouchures de la Gironde et de l'Adour de 1740 à 1980.

Progression moyenne annuelle des dunes modernes vers l'Est entre 1940 et 1968.

Modification du trait de côte entre Février 1979 et Janvier 1982.

Mais ces résultats ne peuvent être généralisés car chaque secteur a ses propres caractéristiques. Telle dune peut avancer nettement tandis que telle autre ne progressera que peu ou pas du tout. Certains ingénieurs ont même soutenu que les dunes modernes pourraient se fixer spontanément si les bestiaux ne tondaient et n'arrachaient pas tout ce qui végétait. Bien souvent, les cas d'ensablement spectaculaires comme à Soulac, sont dus à l'action conjointe de nombreux facteurs favorisant la mobilité comme notamment la modification du trait de côte à la suite de migration de bancs de sable protecteurs. Par contre les migrations importantes de certaines barkhanes isolées (formes particulièrement migrantes) ou de dunes plates vers l'intérieur des terres, semblent tout à fait vraisemblables, en particulier dans les secteurs de Lège, La Teste, Mimizan, Bias, Lit...

L'ENVAHISSEMENT DE CERTAINS SITES

De nombreux témoignages permettent de recenser un certain nombre de cas d'envahissement de lieux habités ou de dunes anciennes. Ainsi le hameau d'Ignac à Lège a-t-il été envahi au milieu du XVIIIe siècle par des trainées de sable soulevé par les tempêtes d'ouest dans les dunes nues : «*Tous les jours, ce quartier diminue par l'accroissement des sables qui a couvert depuis 7 à 8 ans, 5 à 6 maisons et la majeure partie des terres. Il est à craindre dans vingt ans qu'il ne restera plus une seule maison et qu'on l'abandonnera complètement*».

A La Teste les habitants se plaignent de l'envahissement de la forêt usagère par la dune de Maubruc et la légende veut qu'ils aient vécu 7 siècles sous la menace des sables, devant déplacer le bourg par deux fois. En 1818, les Biscarrossais assurent que les sables ont déjà couvert une demie lieu de montagne et qu'ils avancent avec rapidité depuis 60 ans. L'ingénieur Ritter a noté en 1851 lors de ses travaux une avancée de 125 m en 7 ans.

Tandis que Thore décrit en 1810 la menace qui pèse sur l'église de Mimizan, celle de Bias est transférée et à Lit, à Saint-Julien plusieurs quartiers doivent être abandonnés.

FRAGILITE DE LA DUNE BORDIERE

Loin d'être une légende il s'agit là d'une réalité, le mur de l'Atlantique avec ses blockhaus en est un excellent exemple : affouillés par le vent et la mer ils ont basculé sur l'estran ou sont restés dangereusement en surplomb. De nombreuses constructions de l'après-guerre sont encore aujourd'hui menacées de la même manière par cette érosion de la côte très difficilement maîtrisable, pour ne pas dire irréversible.

UN PAYSAGE FORESTIER CREE PAR L'HOMME

QUELQUES INITIATIVES PONCTUELLES JUSQU'AU XVIIIe SIECLE

Les dunes modernes sont restées pratiquement nues jusqu'au XVIIIe siècle. Quelques essais très ponctuels, d'initiative privée, ont tenté, à l'image des dunes anciennes plantées de pins depuis longtemps, de résoudre le problème de l'instabilité des sables.

Dès le XVIIIe siècle, la ville de Bayonne veillait au maintien du gourbet dans le secteur de Capbreton.

1716, essais infructueux de semis de pins, J.B. de Ruat Captal de Buch à La Teste.

Début XVIIIe siècle plantations à Mimizan à l'initiative de Boucher.

Essais des frères Desbiey à Saint-Julien.

Bon nombre de ces tentatives se soldent par des échecs en raison d'un traitement trop partiel du problème mais surtout à cause de l'hostilité des habitants soucieux de préserver leurs droits de pacage sur de vastes étendues littorales et en particulier dans les lettes.

Plantation d'oyats.

Palisse maintenant le sable.

LES GRANDS PROJETS
DE LA FIN DU XVIIIᵉ SIECLE

Dès la moitié du XVIIIᵉ siècle les vastes étendues incultes des Landes de Gascogne commencent à intéresser les milieux d'affaires parisiens en mal d'investissements. Aussi les grands projets de conquêtes des terres incultes landaises se succèdent :

1773 - 1775 : Projet du Comte de Montauzier de dessèchement des Landes par des canaux navigables et mise en culture des terres assainies.

1776 : Charlevoix, Baron de Villers, propose la fixation des dunes par ensemencement de pins maritimes associés pour 1/5 aux chênes.

1788 à 1790 : Bremontier propose avec succès un essai de fixation de la dune du Moulleau et présente avec succès en 1787 un mémoire sur la fixation des sables, synthèse des propositions antérieures.

LES GRANDS PROJETS D'ETAT
DU XIXᵉ SIECLE

A la suite des propositions de Bremontier, l'Etat entreprend l'ensemencement systématique des dunes littorales.

Les travaux s'échelonnent sur 75 ans (1801 à 1876).

1806 à 1862 : fixation d'environ 49.000 ha.

Jusqu'en 1815 : opérations fragmentaires faute de moyens.

1817 à 1854 : travaux à un rythme rapide.

1876 : le programme initial est exécuté.

TECHNIQUES DE FIXATION

Touffes de gourbet protégées par les branchages sur la dune bordière.

Graines de pins mélangées à celles de genêts et ajoncs dans les régions riches en branchages.

Aigrettes ou rameaux de pins, genêts dans les régions pauvres en branchages.

LES DUNES FORESTIERES DU XXᵉ SIECLE

La fixation des dunes modernes pour mettre fin à leur inexorable marche vers l'intérieur a eu pour résultat la création d'un massif forestier homogène de pins maritimes (70.000 ha de la Pointe de Grave à l'embouchure de l'Adour) transformant totalement le paysage et l'équilibre écologique de la zone littorale.

FORET DE PROTECTION

Les premiers pins plantés derrière la dune bordière jouent un rôle fondamental de protection par rapport à l'ensemble du massif forestier.

Sur une bande de quelques centaines de mètres, les pins sont tout rabougris et tordus. Ils servent de filtre aux sables, aux vents de la mer et aux embruns.

Cette frange forestière particulièrement exposée est très fragile. Les services des eaux et forêts entretiennent avec beaucoup de soins ces quelques 4.100 ha en bordure des seules forêts domaniales.

FORET DE PRODUCTION

Située en arrière sur les dunes modernes, cette forêt est presque exclusivement composée de pins maritimes avec quelques taillis de chênes verts et arbousiers.

Dans le Sud de nombreux chênes lièges et chênes occidentaux (surien ou corcier) sont associés aux pins.

La forêt est divisée par des pare-feux, parallèles à la côte et espacés de 500 m à 1 km, déterminant des séries numérotées d'est en ouest, redivisées perpendiculairement par d'autres pare-feux.

Un programme d'aménagement forestier fixe la durée de révolution, c'est-à-dire l'âge auquel on exploite normalement des peuplements arrivés à pleine maturité : 60 à 80 ans en forêt domaniale et d'autant plus élevé qu'on s'éloigne de la mer.

Pins «torts» dans la forêt de protection. N° 33

N° 34

Forêt de production.

L'ensemble du massif dunaire se décompose en trois éléments principaux :
- Dune littorale
- Lette
- Massif dunaire intérieur

Ils présentent chacun des caractéristiques propres, bien distinctes. Pour mieux apprécier les spécificités de chacune de ces zones, pourtant complémentaires, il est apparu nécessaire de les analyser indépendamment et de formuler des recommandations très circonstanciées.

LA DUNE LITTORALE

C'est le premier cordon de sable situé dans le prolongement de la plage en bordure de l'océan, d'où son autre appellation de dune bordière.

UN CARACTERE SAUVAGE TRES MARQUE

Stabilisée depuis le siècle dernier par les plantations de gourbet (voir chapitre précédent), cette dune garde un caractère sauvage très marqué assorti d'une grande fragilité puisque seul un piétinement assez fréquent suffit pour détruire les plantations et faciliter la création de sifflets à vent compromettant sa stabilité. D'une façon générale, peu de constructions y ont été édifiées, conférant à ce premier cordon dunaire l'homogénéité des grands ensembles naturels minéraux. Réparties en grandes masses les couleurs sont celles des éléments naturels : beige-jaune du sable nuancé par le jaune-vert des oyats, le blanc bleuté du ciel avec en toile de fond la gamme des bleu-vert argentés de l'océan. Cette palette, relativement restreinte et stable dans le temps, contribue à renforcer le caractère sauvage en donnant une grande force à chaque microsite.

• Eviter de construire sur la dune bordière

Même fixée, la dune demeure «mobile» et dangereuse pour la stabilité des constructions. Le déplacement du sable s'effectuant d'ouest en est sous l'effet des vents, les constructions situées sur le versant ouest sont vouées à «basculer sur la plage», et celles situées sur le versant est sont condamnées à l'ensablement.

L'absence de végétation arbustive rend très vulnérables toutes constructions à flanc ou en sommet de dune. Celles-ci subissent invariablement les assauts des violentes tempêtes venues de l'océan : pluies, sable... Pour résister à d'aussi fréquentes attaques les bâtiments doivent être conçus en conséquence et être entretenus très régulièrement (revêtement extérieur, menuiseries, volets, couvertures...) ce qui représente un surcoût important. De plus, la grande homogénéité de ce vaste site naturel rend très délicate l'insertion d'un élément bâti, provoquant très souvent des ruptures volumétriques et chromatiques difficiles à maîtriser.

UNE DUNE PONCTUELLEMENT URBANISEE

Soumise à une fréquentation touristique nettement moins importante que d'autres côtes, méditerranéenne par exemple, la côte aquitaine (Landes-Gironde) est encore relativement préservée d'une urbanisation massive et dévastatrice, et demeure modérément construite. La dune bordière n'a été vraiment colonisée que ponctuellement pour permettre le développement de certaines stations balnéaires comme Soulac, Hourtin, Lacanau, Vieux-Boucau, Seignosse, Hossegor, Capbreton... Dans d'autres cas comme à Mimizan, c'est la configuration du site, nettement infléchi par l'embouchure du courant (émissaire des grands étangs du nord des Landes) qui a suscité un envahissement de la dune bordière par les constructions (maisons individuelles reconstruites

après la guerre ou immeubles collectifs plus récents). Partout ailleurs, le premier cordon semble avoir été relativement bien préservé. Seules quelques maisons forestières (Lespecier, Cap de l'Hommi…) hôtels (Biscarrosse) ou équipements côtiers (phare de Contis, émetteurs du C.E.L. et Biscarrosse…) ponctuent ces 200 km de sable.

• Stopper une urbanisation dévastatrice

Mis à part les très graves problèmes de stabilité, évoqués précédemment, le front de mer en sommet de dune bordière est incontestablement un mode d'urbanisation du littoral à bannir systématiquement :
- en offrant à certains, quelques semaines par an, la «vue sur l'océan», cette procédure condamne l'intérêt même que peut susciter cette côte : sauvage, naturelle, déserte une bonne partie de l'année…
- l'urbanisation dense de certaines parties divise cet ensemble homogène en tronçons indépendants, provoquant de multiples ruptures discordantes,
- en désolidarisant la plage et l'océan de l'arrière dune, de la lette et des dunes intérieures, elle introduit de plus une contradiction dans la structure même de ces sites, et dans leur caractère grandiose, vaste et illimité,
- la charge de gestion que peut représenter un tel type d'urbanisation pour la collectivité est sans commune mesure avec l'intérêt que l'on peut y trouver. La lette, située immédiatement derrière et mieux protégée, se prête davantage aux divers types d'aménagements que peut impliquer une exploitation touristique de tels sites.

LA LETTE PRE-LITTORALE

C'est la large plaine herbeuse (aussi appelée lède) située derrière la dune bordière. Il existe un grand nombre d'autres lettes entre les différents cordons du massif dunaire intérieur. Parfois occupées par des lagunes, elles sont de moindre importance par leur taille et leur rôle dans l'urbanisation de ce secteur.

UNE ZONE PROPICE A L'IMPLANTATION HUMAINE

Protégée des vents océaniques par le premier cordon de dunes, cette zone est un lieu privilégié où ont pu être installées dès le début du siècle la plupart des stations balnéaires d'Aquitaine.

Comme nous le verrons en détail dans le chapitre consacré au phénomène balnéaire, l'urbanisation par lotissements successifs et le style architectural de la «belle époque» ont donné au bâti des stations littorales une grande homogénéité qui a été préservée dans la plupart des cas jusqu'aux années 1960.

Bon nombre de stations n'ont toutefois pris un véritable essor qu'à partir des années 70-75, les grandes opérations immobilières étant surtout réservées au nord de la côte girondine, au Bassin d'Arcachon et au sud des Landes à Seignosse, Capbreton et Hossegor.

La lette n'est cependant pas entièrement urbanisée et loin s'en faut. Les stations sont séparées par plusieurs dizaines de kilomètres de terrains encore vierges qui jouent le rôle de poumons naturels entre ces pôles urbanisés qui ne doivent pas être assimilés aux bourgs et aux quartiers de l'intérieur ; leur génèse, leur histoire et leur vocation sont totalement différentes (cf. deuxième partie).

UNE ZONE MARQUEE PAR UNE ARCHITECTURE PITTORESQUE

La lette pré-littorale a d'abord accueilli une urbanisation linéaire à l'extrêmité de l'axe venant du «bourg de l'intérieur». Les stations balnéaires sont en effet avant tout des antennes des bourg lancées en direction de l'océan, puis, de part et d'autre de cet axe principal de développement, l'espace de la lette a été colonisé par une urbanisation diffuse selon un plan en damier dont le maillage est d'autant plus large que l'on s'éloigne de l'océan.

Jusqu'à récemment, les petites stations balnéaires d'Aquitaine se caractérisaient ainsi essentiellement par une succession de villas au milieu de leur modeste parcelle créant un rythme «plein-vide» régulier légèrement estompé par la végétation des bords de mer telle que tamaris, genêts ou mimosas.

Mais au-delà de cette structure, c'est l'architecture des villas qui leur a conféré une image si pittoresque en transcrivant l'atmosphère de plaisir et de détente liée à la vie balnéaire.

N° 39

Architecture de galeries, vérandas et balcons, de dentelles de bois découpé aux couleurs éclatantes agrémentant des compositions variées dans une disposition compacte n'excédant jamais un rez-de-chaussée et un étage.

Sans poursuivre plus avant cette analyse qui fera l'objet d'un chapitre particulier, il importe de souligner dès à présent combien l'harmonie des sites balnéaires de la lette pré-littorale est menacée.

L'après-guerre a apporté les styles néo-régionaux (surtout néo-basque et néo-landais) qui ont introduit une première distorsion mais ce n'était rien en comparaison des pseudo fermettes landaises qui envahissent maintenant la lette alors que ce type d'architecture rurale n'a vraiment aucune raison de s'y trouver même au regard de la tradition si souvent invoquée.

Les lieux de villégiature devraient, comme ils l'ont fait lors de leur création, illustrer la différence entre le quotidien et l'évasion, se manifester essentiellement par l'esprit de la plaisance.

• Créer une harmonie avec l'architecture balnéaire

Pour qu'un nouveau bâtiment soit témoin de son époque sans par ailleurs compromettre un équilibre existant il doit intégrer dans sa conception un certain nombre de paramètres de son environnement. Ici la transcription de l'esprit balnéaire est essentielle. Elle peut se faire au travers du détail architectural (repris dans un contexte contemporain mais avec le même degré de finition) mais aussi grâce à la couleur. En effet il est inutile d'opter pour des tons dits naturels si les maisons voisines sont peintes de couleurs très vives. Reprendre la couleur dominante avec la même intensité ou créer une nouvelle harmonie en faisant appel à une autre teinte peuvent être des partis tout aussi riches en effets. Seule une attitude trop discrète peut compromettre le résultat.

LE MASSIF DUNAIRE INTERIEUR

Ce massif est composé d'une série de «vagues de sable» successives séparées par des lettes plus ou moins étroites. Même si l'ensemble est stabilisé grâce aux plantations de pins, certaines dunes isolées demeurent relativement mobiles. Les plus sensibles semblent être celles qui constituent les rives ouest des étangs.

UN RELIEF TRES MARQUE

Cette zone qui est avant tout une partie de la forêt de production est par endroits en cours d'urbanisation. Ce sont des débordements des stations balnéaires de la lette ou des créations de pôles touristiques au-dessus des étangs (ex. les Hautes Rives à Biscarrosse).

Mais le caractère dominant de cette zone demeure le relief. Facteur que les landais ont encore rarement l'occasion de prendre en compte puisque autrefois ils construisaient hors de ces zones traditionnellement dangereuses et que le reste de l'arrière pays est pratiquement plat. Les nouveaux habitants raisonnent malheureusement trop souvent comme s'ils avaient affaire à un terrain

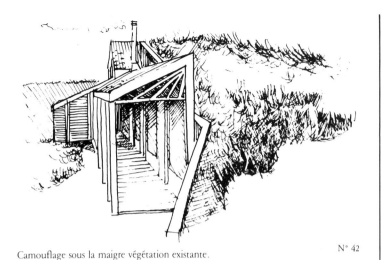

Camouflage sous la maigre végétation existante.

plat, recherchant des références d'habitat traditionnel qui ne sont pas de mise dans une zone qui n'a jamais été construite que de cabanes de résiniers.

• Composer avec la pente

La préservation du caractère pentu du site est prépondérante dans toute démarche d'insertion d'un nouveau bâtiment. Cette volonté peut se traduire architecturalement de plusieurs façons :

L'intégration totale :

Il s'agit de constructions entièrement souterraines où seuls les verrières et les puits de jour permettent aux occupants de capter la lumière du soleil et de profiter depuis l'intérieur d'un site resté pratiquement intact.

L'affirmation du sommet :

Démarche volontariste par excellence, qui vise à renforcer le caractère dominant du site et à placer la construction en point de mire. C'est une attitude qui conduit à considérer le bâti comme un «objet», une sculpture. C'est une intervention difficile qui n'autorise ni l'erreur, ni la médiocrité.

Affirmation du sommet.

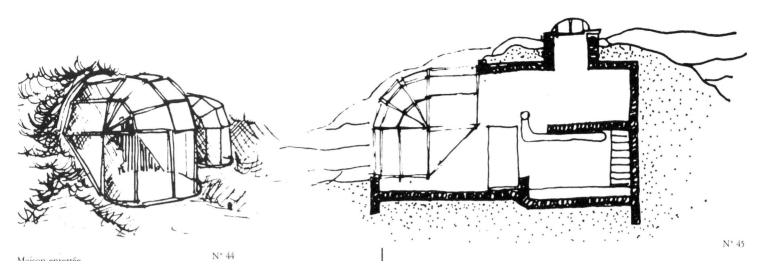

Maison enterrée.

N° 44

N° 45

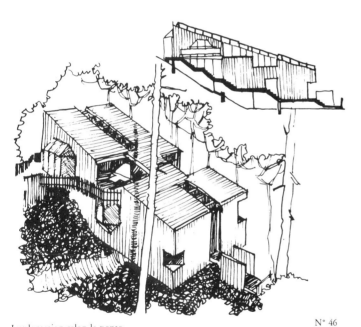

Implantation selon la pente.

N° 46

Amplification de la pente par les toits.

N° 48

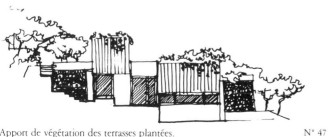

Apport de végétation des terrasses plantées.

N° 47

Préservation de l'harmonie végétale.

N° 49

L'accompagnement de la pente :

La ligne de plus grande pente devient alors l'axe de composition du bâtiment. Cela peut se traduire, en plan par une circulation centrale par demi-niveau ou en volume par un toit unique parallèle à la pente. Le morcellement des volumes s'échelonnant le long de la pente crée un mouvement qui anime l'uniformité du relief. La multiplification des toitures et des niveaux peut l'amplifier ou au contraire l'estomper.

UNE VEGETATION TRES PREGNANTE

Par souci de sécurité (stabilité du sable) seuls les déboisements nécessaires à l'implantation des bâtiments et des voiries sont autorisés. Ceci présente l'énorme avantage de conserver au site une certaine homogénéité malgré l'hétérogénéité des constructions. Associée à un sous-bois particulièrement riche en espèces et en couleurs, cette vaste forêt de pins autorise la création de véritables villes d'hiver.

• Tirer parti du contexte végétal

Que ce soit par sa texture ou par sa couleur la végétation joue un rôle capital dans la présence d'un bâtiment dans un site.

Le bâtiment peut disparaître dans la végétation d'origine, mais la création artificielle d'une enveloppe végétale peut amplifier le phénomène en le rendant invisible. Par contre quand la maison est décollée du sol, elle enjambe le tapis végétal qui peut se développer sans contrainte et elle paraît alors presque aérienne.

En empruntant la couleur dominante du site, le bâti disparaît dans son environnement, un camaïeu issu de la couleur dominante ou une teinte sous-jacente peuvent en créant une nouvelle harmonie mettre le bâtiment en valeur.

N° 51

N° 52

N° 50

N° 53

2

UNE CHAINE D'ETANGS
ET DE COURANTS

UNE LUTTE SANS MERCI ENTRE L'EAU ET LE SABLE

Le réseau d'étangs, courants et marais, qui accompagne la côte aquitaine est le résultat d'une longue lutte entre le sable envahissant le littoral pour y édifier un énorme massif dunaire et les eaux superficielles venant de l'intérieur du pays et cherchant à tout prix à rejoindre l'océan. Cette bataille s'est soldée par la victoire de l'envahisseur implacable qu'est le sable, obligeant les eaux de ruissellement à s'accumuler, en de vastes plans d'eau, au pied du barrage dunaire, freinant l'écoulement de la nappe phréatique et provoquant la création de marais malgré le combat tumultueux des courants cherchant sans relâche un exutoire vers l'océan.

PLUSIEURS CHAPELETS D'ETANGS

Les différents étangs portent encore nettement entaillé dans le plan incliné de leur fond un chenal, allant en s'élargissant vers les dunes, qui prolonge leur affluent principal (ex. La Berle de Lupian à Hourtin). Il s'agit sans aucun doute de l'estuaire du cours d'eau qui drainait l'arrière-pays vers l'océan avant son obturation par les sables. Quelques vestiges (quais, débarcadère, pontons...) découverts au large de l'embouchure de la Gourgue à Sanguinet sont les témoins d'une occupation humaine liée à la présence de la mer (port, pêche...). Quant à la légende selon laquelle la ville d'Ys, située sur la rive droite de la Gourgue, aurait été la première implantation du village de Cazaux, elle ne fait que confirmer le repli vers l'intérieur de la population face à la lente montée des eaux provoquée par l'élargissement progressif de l'estuaire par les sables. Sans doute parce qu'ils n'ont disparu définitivement que dans un passé récent (XVIIIe siècle selon J. Ragot) le souvenir de ces déversoirs subsiste dans la toponymie locale : le gruc (en patois trou creusé par un courant), le Trencat (la tranchée), et garde inconsciemment présente cette liaison avec l'océan.

Seul le Bassin d'Arcachon, estuaire de l'Eyre, a résisté à l'envahissement des sables en maintenant encore aujourd'hui une communication directe avec l'océan même si elle est de plus en plus réduite. C'est la presqu'île du Cap Ferret par sa lente progression qui depuis des siècles rejette cet estuaire (primitivement situé au niveau d'Arès) toujours un peu plus vers le sud tendant à obstruer toujours davantage les passes au niveau du Banc d'Arguin. Cette lente transformation, qui se fait sous nos yeux, n'est sans doute que la simple reproduction du phénomène qui a donné naissance aux autres plans d'eau. Le Triangle du Bassin d'Arcachon n'est d'ailleurs pas sans rappeler les grands étangs du Born qui se distinguent des autres par leur forme rigoureuse.

En effet, selon la morphologie du rivage initial, la topographie des anciennes vallées, l'importance du bassin versant, l'ampleur du massif dunaire, la rapidité de l'ensablement et la vigueur des courants côtiers, les plans d'eau ont pris des formes et des dimensions différentes allant des vastes triangles adossés aux dunes (Cazaux, Sanguinet, Parentis, Biscarrosse) aux formes linéaires blotties dans la gouttière pré-littorale (Hourtin, Carcans, Lacanau, Soustons, Moisan...) en passant par les grandes «flaques» presque

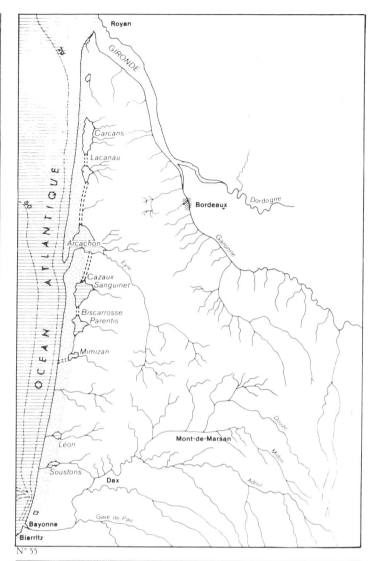

N° 55

N° 56

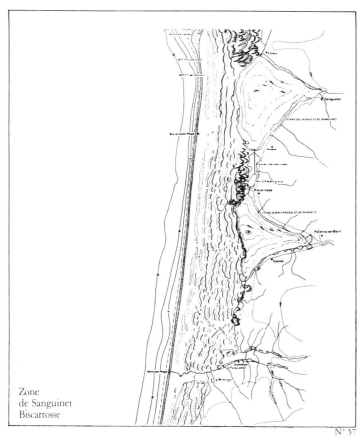

Zone
de Sanguinet
Biscarrosse

N° 57

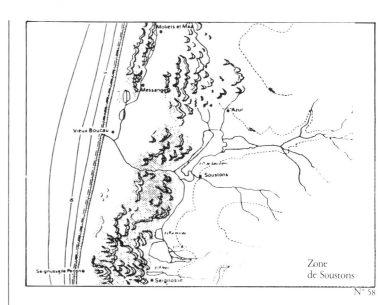

Zone
de Soustons

N° 58

RELIEF ET HYDROGRAPHIE DE LA ZONE LITTORALE

Plage et dune littorale

Dunes modernes

Dunes paraboliques anciennes

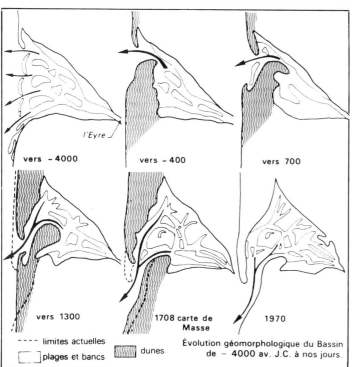

vers – 4000   vers – 400   vers 700

l'Eyre

vers 1300   1708 carte de   1970
           Masse

- - - limites actuelles

plages et bancs   dunes

Évolution géomorphologique du Bassin
de – 4000 av. J.C. à nos jours.

N° 59

Fond du Bassin, chasse au Tank.

N° 60

circulaires lovées dans les dépressions sableuses (Léon, Garros, Yrieu...). Ces différences morphologiques entrent pour une grande part dans le caractère et l'impact paysager de ces différents plans d'eau.

DES COURANTS COMBATIFS

Ne pouvant s'accumuler indéfiniment derrière le barrage dunaire, les eaux en ont cherché les points faibles pour se ménager un passage vers l'océan grâce à l'action des cours d'eau combatifs que sont les courants. Face à l'ampleur et à l'homogénéité du massif dunaire, certains étangs ont échoué, devant s'en remettre à la main de l'homme pour trouver un échapatoire à ce qui n'arrivait pas à se mettre en place naturellement. C'est notamment le cas des étangs d'Hourtin et de Lacanau reliés entre eux et au Bassin d'Arcachon par des canaux réalisés à la fin du siècle dernier. D'autres étangs ont réussi à maintenir un passage direct vers l'océan. L'exemple le plus caractéristique est sans aucun doute celui du Courant d'Huchet qui doit longer pendant plusieurs kilomètres le cordon littoral avant de pouvoir trouver un passage (appelé localement Boucau) permettant aux eaux de l'étang de Léon d'atteindre l'océan. D'autres combinaisons plus complexes ont vu le jour au cours des années donnant naissance à de véritables chaînes d'étangs. Ainsi les grands étangs du Born (Sanguinet, Biscarrosse et Parentis) se déversent les uns dans les autres grâce à des canaux (creusés au XIXᵉ siècle) et au courant de Sainte-Eulalie jusqu'à l'étang d'Aureilhan qui, lui, a trouvé un passage à Mimizan (même processus pour tout le réseau gravitant autour de l'étang et du courant de Soustons).

Liés étroitement à la morphologie du terrain séparant les étangs et aux différences de niveaux entre les plans d'eau, les courants jouent un rôle capital sur l'équilibre hydrographique de toute la zone pré-littorale. Leur entretien est parfois si difficile qu'il a suscité de nombreux projets de canaux.

LA MULTIPLICATION DES MARAIS

LES MARAIS MEDOCAINS

Quand la gouttière pré-littorale est trop plate, les débits et la pente du plateau intérieur trop faibles, les eaux de ruissellement n'ont pas assez de force pour vaincre le barrage dunaire ou atteindre les étangs ayant un éxutoire vers l'océan. Elles s'étalent donc au pied du massif sableux en d'énormes étendues marécageuses. Stagnant sur les terres les plus basses, elles forment ce paysage plat et monotone de prairies inondées coupées de haies de tamaris, typique du Bas Médoc. Au milieu de ce vaste ensemble de terres marécageuses, souvent appelé globalement « les zones humides du Bas Médoc » il est parfois difficile de distinguer ces marais intérieurs nommés « palus » tels que ceux de Jau, St-Vivien, Talais, du Porge ou de Lespau, des « mattes », des terres conquises sur la Gironde dont elles sont séparées par la Passe Castillonnaise de Saint-Christoly à Soulac. Leur histoire et leur vocation sont totale-

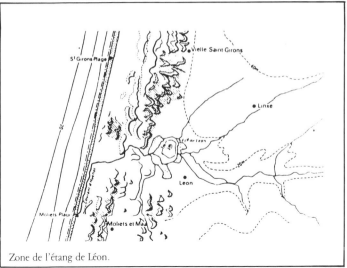

Zone de l'étang de Léon.

N° 61

N° 62

Un exemple caractéristique : le courant d'Huchet.

ment différentes. Il serait trop long d'en faire ici l'analyse, de nombreux ouvrages ou études spécifiques y ont été depuis longtemps consacrés et apporteront au lecteur toutes les précisions nécessaires.

LES FRANGES MARECAGEUSES

Même quand la gouttière pré-littorale, plus profonde, permet d'accueillir les retenues d'eau des étangs, les rives basses (situées vers l'intérieur du pays côté affluent) ainsi que les terrains plats qui les séparent, se prêtent particulièrement aux inondations et à la formation de plaines de colmatage marécageuses.

Ainsi, les étangs d'Hourtin et Lacanau réunis sur les cartes du XVIIIe siècle sous un seul ensemble appelé les «Etangs doux du Médoc» sont actuellement séparés par les Marais de Talaris. On rencontre le même phénomène autour du petit étang de Biscarrosse qui est en fait l'exutoire des deux grands étangs du Born.

Les marais occupent également les basses vallées des petits ruisseaux alimentant les étangs : la Gourgue à Sanguinet. A l'est de Parentis sur le ruisseau des Forges c'est seulement en amont d'un marais de 7 km que l'on retrouve la morphologie habituelle des ruisseaux landais : lit encaissé avec des berges à forte pente.

LES MARAIS INTERIEURS

Le barrage dunaire n'a pas seulement modifié l'écoulement des eaux superficielles, il a aussi perturbé celui de la nappe phréatique, dont le plafond oscille à proximité du sol même dans l'arrière pays. La surabondance de pluies en hiver entraîne son gonflement et sa remontée vers la surface submergeant systématiquement les terres les plus basses, que seul un quadrillage de «crastes» (fossés de drainage) relié au réseau naturel bien entretenu, peut rééquilibrer.

Il en est de même au voisinage de l'embouchure de la majorité des courants côtiers des Landes de Gascogne. Le ralentissement de l'écoulement des eaux a provoqué la formation de zones humides de débordement. La forêt galerie de chênes pédonculés qui borde les cours d'eau landais laisse alors la place à des formations végétales hygrophiles.

LES GRANDS TRAVAUX D'AMENAGEMENT

Sans jamais bénéficier d'un plan de mise en valeur global, l'ensemble de la chaîne des étangs et marais aquitains a fait l'objet depuis plusieurs siècles, de multiples projets d'aménagement. Qu'ils soient publics ou privés, collectifs ou individuels, ils visaient tous à mieux maîtriser l'équilibre hydraulique de la zone pré-littorale, point critique sur le trajet des eaux entre l'arrière-pays et l'océan.

ASSECHEMENT DE CERTAINS ETANGS

Au siècle dernier, certaines communes étaient loin de considérer les étangs comme une richesse ou un bienfait de la nature. L'instabilité des boucaus entraînait de fréquentes inondations annexant des terres cultivables. Quant aux berges marécageuses, elles étaient sources de maladies (fièvres, maladies de peau) souvent mortelles. C'est donc dans l'intérêt public qu'ont été entrepris de grands travaux d'assèchement en divers points de la côte.

Trois plans d'eau landais, et non des moindres, puisque celui d'Orx était le plus vaste du département avec en 1801 ses 2.640 ha, ont ainsi définitivement disparu de la carte.

Si pour l'étang de Saint-Julien (dont l'éxutoire était l'actuel courant de Contis) et celui de Lit l'opération fut relativement aisée et les communaux aussitôt récupérés comme terrains à bâtir, l'entreprise n'a pas été aussi simple pour l'étang d'Orx. En effet, les premiers travaux de vidage entrepris en 1802, mal conduits, l'ont vite transformé en marais insalubre : «*Les eaux stagnantes étaient un foyer pestilentiel, source de maladies et cause de dépeuplement*». Malgré le décret de 1808 (promulgué à cause de la gravité de l'état sanitaire) et la reprise épisodique des travaux de 1817 à 1843, il a fallu attendre que Napoléon III achète en 1858 1.200 ha de marais et en fasse don à Wallewsky pour que les opérations d'assèchement arrivent à leur fin (plusieurs kilomètres de canaux, des turbines de pompage en période de hautes eaux). C'est donc au terme de cinquante années d'efforts que les sols, désormais fertiles, ont pu être consacrés à la culture (maïs, orge, haricots) et à l'élevage.

LE DIFFICILE MAINTIEN DES BOUCAUS

Sous l'effet des courants marins les sables du cordon littoral ont tendance à obstruer les boucaus rendant aléatoire l'écoulement des eaux et obligeant les courants à continuer leur course vers le sud, parallèlement à la côte, pour tenter de trouver une nouvelle issue. Ainsi, par exemple, le courant de Mimizan a longtemps fui vers le sud sur plusieurs kilomètres, séparé de l'océan par un étroit bourrelet de sable, «le lido». En 1870, ce sont les ingénieurs des Ponts et Chaussées qui en ont arbitrairement fixé le boucau à Mimizan grâce à la construction d'une jetée de 250 mètres, contrariant toute fuite vers le sud.

Ce phénomène de mobilité était parfois désastreux pour les riverains qui ont souvent été à l'origine des travaux. Ainsi, en 1851

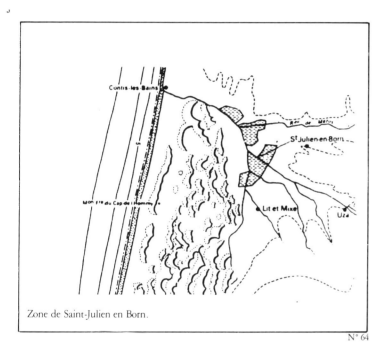

Zone de Saint-Julien en Born.

N° 64

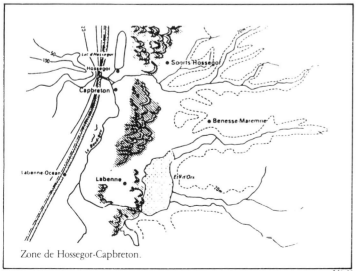

Zone de Hossegor-Capbreton.

N° 65

le courant de Contis était tellement descendu qu'il débouchait à 7 kilomètres de Contis au pied du poste de douane de Lit. En 1876 il remonta vers le nord en emportant une maison. Vers 1920, il débouchait à l'océan par un passage étroit à la hauteur de Contis-plage, mais une violente tempête élargit la brèche, emportant une douzaine de maisons et un hôtel reconstruit. Il fut alors décidé de fixer l'embouchure à cet endroit en aménageant sur la rive sud une estacade renforcée de fascines et de blocs de garluche.

Sans être aussi tumultueuses que celles des courants landais, les relations du lac d'Hossegor avec l'océan n'en ont pas moins été variées et soumises à de multiples rebondissements. Après avoir été une partie d'un des estuaires de l'Adour, avant que l'embouchure de celui-ci ne soit définitivement fixée à Bayonne, cette longue fosse s'est refermée sur elle-même au fur et à mesure que le sable

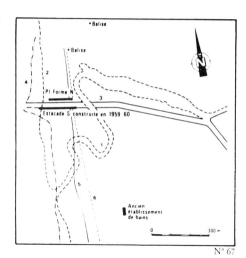

Le redressement
du «Boucarot»
(courant de Capbreton)
sous le Second Empire.
1. Ancien tracé du courant
2. Ligne de rivage avant 1858
3. Nouveau tracé
4. Ligne de rivage en 1861
5. Rivage actuel
6. Dune bordière recalibrée.

N° 67

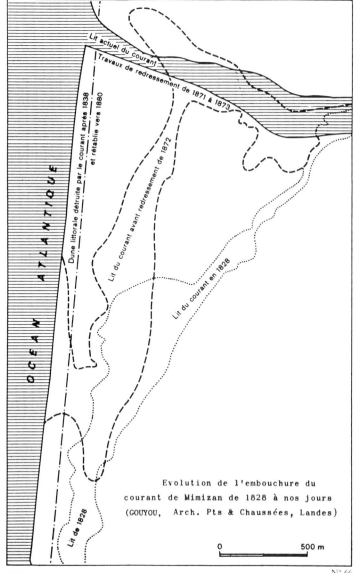

Evolution de l'embouchure du courant de Mimizan de 1828 à nos jours (GOUYOU, Arch. Pts & Chaussées, Landes)

0   500 m

N° 66

N° 68

N° 69

Travaux de fixation de l'embouchure du Courant d'Huchet.

côtier en a bloqué toutes les issues. Elle est donc devenue un grand réservoir d'eau douce jusqu'à ce qu'en 1866 une très forte tempête amorce une brèche dans le barrage dunaire, remettant les eaux en communication avec l'océan. En achevant, dès 1876, avec un canal de 1 kilomètre sur 100 mètres et un boucau solidement défendu, ce que la nature avait commencé, la main de l'homme a fait du lac d'Hossegor, un lac d'eau salée soumis au rythme des marées et par conséquent très différent des autres étangs littoraux.

LES GRANDS PROJETS DE CANAUX

Creusés par les eaux cherchant une issue vers l'océan, les courants n'ont jamais été naturellement navigables (exception faite pour les canoës-kayaks). Pourtant le réseau de communication entre les différents plans d'eau qu'ils ont réussi à établir dans un pays si difficilement accessible au charroi et les quelques ouvertures (boucau) sur une côte devenue si inaccessible depuis l'envahissement des sables, n'ont pas manqué d'intéresser tous ceux qui ont cherché au siècle dernier à mettre en valeur toute cette zone littorale depuis longtemps délaissée. Le Marquis de Lur Saluce a été l'un des premiers, dès 1850, à tenter une opération de surcreusement pour faire du courant de Contis une voie commerciale ouvrant l'arrière pays du Born sur l'océan. En permettant aux chalands chargés de minerai de fer venu d'Espagne d'atteindre les forges d'Uza, en perte de vitesse à cause de la raréfaction du minerai local qu'était la pierre des Landes ou «garluche», un tel projet aurait donné sans aucun doute un «coup de fouet» à l'économie locale. Malheureusement cette courageuse tentative s'est soldée par un échec, laissant les forges en proie à leur destin fatal.

Il n'en a pas été tout à fait de même pour le projet de liaison des grands étangs du Born au Bassin d'Arcachon suscité à la même époque par Nezer. Si cette fois les difficultés techniques, notamment les différences de niveau, ont fini, après maintes péripéties, par être résolues grâce à la construction de plusieurs écluses, le succès commercial de cette nouvelle voie navigable, dont la principale cible était les Forges de Pontenx, a été pratiquement nul. En limitant les inondations périodique des rives et des terres les plus basses, ces travaux ont tout de même permis une meilleure circulation des eaux dont les riverains ont été les premiers bénéficiaires.

Ces dernières années (1970-1972) le vieux projet commercial d'un canal transaquitain, reliant la Gironde à l'Adour, a été repris à des fins touristiques par la Mission Interministérielle d'Aménagement de la Côte d'Aquitaine (M.I.A.C.A.). Pièce maîtresse du schéma d'aménagement, ce canal devait dans un premier temps relier la Gironde à Contis soit 150 à 200 kilomètres selon le tracé. «Large de 10 mètres avec 1,60 m de tirant d'eau, ses berges seraient cimentées ; avec 3,70 m de tirant d'air il devait permettre le passage d'environ 90 % de la flotte de plaisance motorisée actuelle». Les travaux ont commencé par le tronçon, apparemment le plus facile, puisqu'il existait déjà une liaison aménagée par Nezer au siècle dernier, entre les étangs de Parentis et Cazaux, avec contour-

nement du petit lac de Biscarrosse désormais considéré comme réserve naturelle. L'écluse de Navarrosse, en permettant de modifier les niveaux d'eau, eut aussi pour effet d'inverser le courant vers le nord entraînant de graves conséquences écologiques qui ont suscité une vive opposition locale retardant d'autant la suite des travaux.

Une fois de plus le canal transaquitain n'a pas vu le jour... le verra-t-il jamais ? Ces échecs successifs ne font que confirmer le fragile équilibre de ces énormes masses d'eau, ainsi que les réactions en chaîne que peuvent entraîner des interventions a priori anodines.

LA CONQUETE DES MARAIS MEDOCAINS

Jusqu'au XVIIe siècle, qu'il s'agisse des «palus» terres basses situées en arrière de la Passe Castillonnaise où s'accumulaient les eaux de ruissellement ou les «mattes» terres longeant l'estuaire de la Gironde périodiquement inondées par les débordements du fleuve, l'ensemble de la pointe du Médoc n'était, en hiver, qu'une vaste étendue d'eaux stagnantes. Aujourd'hui, fossés, chenaux, digues et écluses sont les marques du travail acharné effectué pour rendre ces terres plus hospitalières et pour répondre à la demande de terres agricoles.

Dès 1628, les palus intérieurs ont été l'objet de travaux d'assèchement menés par des techniciens hollandais qui ont entrepris la réalisation de polders. Mais leur réussite a été de courte durée. Il a à peine fallu un siècle de mauvais entretien et d'usage individuel pour que les ouvrages commencent à souffrir dangereusement. Suscitant une prise de conscience collective, la menace d'anéantissement de tant d'effort a permis la création de syndicats par polder qui ont désormais assuré le maintien de l'unité de drainage.

Etroitement liée à celle des palus, la conquête des mattes a permis la mise en valeur de presque 20 kilomètres de bonnes terres entre les chenaux de la Goulée et du Conseiller soit au total près de 3.600 ha. Maintes fois dévastées (1875, 1883, 1934, 1937, 1945) ces terres se sont avérées plus fragiles que ne l'avaient cru les hommes des siècles passés. Leur maintien nécessite encore de nos jours une vigilance de tous les instants contre les attaques de l'eau et un entretien très suivi.

Tous les efforts et toutes les tentatives plus ou moins fructueuses mises en œuvre depuis plusieurs siècles pour une meilleure maîtrise de l'eau dans la zone pré-littorale démontrent la complexité des relations entre les différents éléments de ce vaste ensemble que forme le réseau hydrographique du plateau landais. Les problèmes des étangs et de leurs émissaires vers l'océan sont inséparables de ceux du drainage de la lande de l'arrière pays et de l'équilibre des marais du Bas Médoc. Tout assèchement d'étangs ou de marécages, creusement ou fermeture progressive de courant, création de crastes ou canaux ont inévitablement des répercussions sur la nappe phréatique et sur les aménagements réalisés antérieurement même si elles ne se manifestent pas dans l'immédiat.

RESIDER DANS DES MILIEUX NATURELS ET FRAGILES SANS LES DEFIGURER

N° 70

N° 71

N° 72

Outre leur rôle «mécanique» de drainage, étangs, courants et ruisseaux constituent des paysages très pittoresques. Ils offrent des décors très variés : du nord au sud du littoral aquitain aucun d'eux ne se ressemble. Les amateurs de nature du début du siècle qui ont contribué au développement touristique de certains de ces sites (Hossegor, Mimizan, Biscarrosse, Lacanau…) ne s'y sont d'ailleurs pas trompés. La description de chacun de ces paysages n'est pas l'objet de cet ouvrage, nous laisserons le soin au lecteur de les découvrir lui-même au cours de randonnées. Il faudrait, en effet, descendre «la route des lacs» comme le préconisait déjà en 1930 André Rebsomen pour se faire une idée réelle de la richesse de tous ces sites. Nous nous bornerons simplement à mettre en évidence les points particuliers dont il est indispensable de tenir compte pour ne pas compromettre la spécificité de chaque site et l'harmonie de l'ensemble.

DE VASTES ETENDUES D'EAUX CHANGEANTES

L'impression dominante que laissent les étangs est avant tout la force de ces vastes étendues d'eau sans obstacle, uniquement limitées par la rive opposée plus ou moins proche et perçue à travers le filtre de la végétation du premier plan. Le spectateur soumis à une double perception où se confrontent des échelles, des informations différentes, en conçoit une vive émotion. Il est à la fois happé par les lointains horizons dégagés et retenu par le spectacle détaillé de la rive où il se trouve.

Selon le temps, la saison, l'orientation des rives, le moment de la journée et la nature du fond de l'étang, le caractère de chacun des plans d'eau varie radicalement, au point d'offrir toujours un spectacle renouvelé. Ainsi, depuis Sanguinet, l'étang de Cazaux peut apparaître clair et uniforme, alors que du haut de la dune de Maguide, il est d'un bleu intense et profond comme un miroir, pouvant passer par toutes les nuances de vert. L'étang d'Aureilhan, lui, offre très souvent l'image réfléchie des pins de la rive nord dans des eaux presque noires. L'étang Noir avec son lit de vase s'oppose de façon frappante à son voisin, l'étang Blanc dont les eaux limpides et peu profondes laissent percevoir le fond de sable clair. Par contre, les nombreux roseaux, joncs et herbes diverses qui envahissent progressivement les étangs d'Hardy et de Biscarrosse couvrent leur surface d'une large dentelle végétale.

DES RIVES RADICALEMENT DIFFERENTES

Selon leur position par rapport à l'océan, les rives des étangs ont une morphologie totalement différente, étroitement liée à l'histoire même de la formation des étangs. Ainsi, à l'ouest côté océan, c'est souvent le cordon dunaire responsable du blocage des eaux qui fait office de rive et offre un relief escarpé dont les sables sont fixés par des plantations de pins. Les plages y sont peu nom-

N° 73

N° 74

breuses, souvent étroites et logées la plupart du temps au fond de petites criques abritées. Vers l'intérieur du pays, à l'est, les rives sont généralement très plates et par conséquent, souvent envahies d'eaux stagnantes à la saison humide et parfois même de marécages permanents. N'aimant guère les sols gorgés d'eau, les pins cèdent ordinairement ces zones à des feuillus tels que les vergnes (aulnes) et les saules qu'accompagnent roseaux, joncs, et diverses plantes d'eau. Avec ses formes rondes et moutonnantes d'aspect, changeant selon les saisons, cette végétation molle forme parfois un véritable fourreau tout autour de l'étang assurant une transition douce entre les verticales très rythmées des troncs de pins et l'horizontalité rigoureuse du plan d'eau.

• Une attitude élémentaire

Construire près des étangs, même sur les rives : «Impossible» vous répondra-t-on. «Il y a longtemps que ces zones sont non aedificandi» (comprenez inconstructibles). Et pourtant, au fil des saisons, vous verrez fleurir des constructions soit provisoires (mais il y a du provisoire qui dure !) soit définitives abritées par le sacro-saint bouclier de la noble cause du tourisme ou de la relance de l'économie locale. Que dire des lotissements dits traditionnels qui grignotent progressivement sur la route du lac, les espaces entre le bourg et l'étang ?

Pourquoi, sous prétexte que construire défigure le site, faut-il se priver d'habiter des endroits aussi fascinants ?

Pourquoi, au lieu d'imposer des constructions au site, ne pas imposer aux constructions les lois propres à chaque site ?

De là à construire sur le bord même de l'eau il y a certes un pas à ne pas franchir ! Le danger du front de lac serait bien sûr trop grand ! Pollution visuelle depuis la rive opposée, contradictoire avec l'attrait des vastes horizons dégagés, inaccessibilité et privatisation progressive des rives, sans compter les risques de pollution, seraient les inévitables conséquences d'une telle attitude.

• Prendre en compte la double échelle de perception
LE LOINTAIN :

La perception globale de la berge depuis la rive opposée rend particulièrement difficile une intervention au bord de l'eau. L'institution d'une zone sensible de protection permet, en reportant vers l'intérieur toute possibilité de construction, de conserver une vue harmonieuse du paysage depuis chacune des rives. Le retrait derrière le premier rideau végétal, en facilitant l'effacement des bâtiments dans le site perçu depuis le lointain, ne fait , pour les habitants que filtrer la vue sur le site.

LE PREMIER PLAN :

Si les couleurs à préconiser sont à dominante foncée (brun, vert, bleu, bordeaux, noir) afin de se fondre au maximum dans la masse végétale, il est toujours possible d'utiliser des couleurs vives en touches légères et ponctuelles qui animent la perception du bâtiment au premier plan sans pour cela s'imposer à la vue depuis de plus grandes distances. Des harmonies pastel de brun vert ou rose pour les masses les plus importantes du volume permettent de recréer avec la végétation de chaudes ambiances de sous-bois uniquement perceptibles à petite distance.

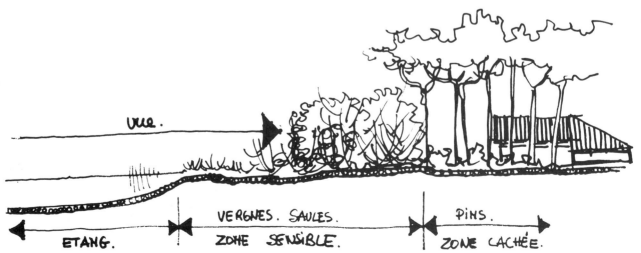

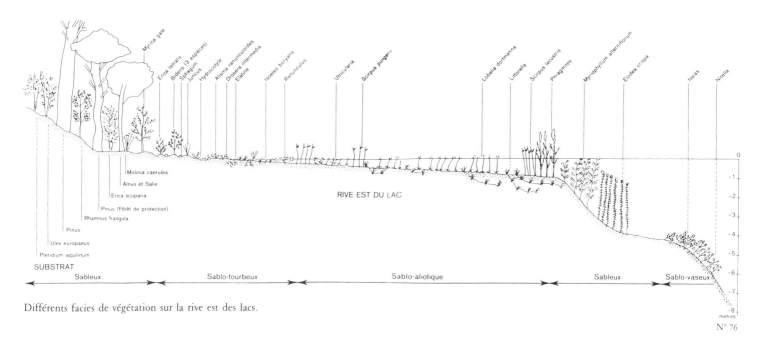

Différents faciès de végétation sur la rive est des lacs.

N° 76

DES GALERIES DIGNES DE LA FORET VIERGE

Blottis au milieu d'une végétation dense et même envahissante, les courants, comme d'ailleurs certains ruisseaux, circulent dans de véritables tunnels qui sont le prolongement des rives humides des étangs et dont l'ambiance intimiste et feutrée contraste avec la rigueur des horizons dégagés des plans d'eau. Ainsi, des arbres élancés, essentiellement des aulnes, échappant à la masse feuillue plus basse des saules et bouleaux, entrecroisent leurs troncs avec ceux de la rive opposée, pour former une voûte presque en ogive, engendrant une véritable ambiance de forêt vierge qu'accompagnent les cris d'oiseaux sauvages. Les courants de Contis et d'Huchet en sont sans aucun doute les exemples les plus typiques et les plus connus. Maints autres ruisseaux pourraient, surtout à l'approche des étangs, rivaliser avec ces sites prestigieux.

Les eaux des courants fréquemment tumultueuses franchissent de nombreuses petites cascades dues à l'importance des dénivelés entre les plans d'eau, et à la présence de bancs d'alios. Bon nombre de ces cassures ont donné lieu à l'installation d'écluses permettant de réguler les débits et de stabiliser les niveaux (exemple de Sainte-Eulalie-en-Born). Parfois, mais plus souvent sur les ruisseaux, ces «cassures» ont été à l'origine de la construction de moulins exploitant la force motrice de l'eau. En effet, les villages avaient autrefois su tirer parti de ces sites et comptaient un ou plusieurs moulins et même tout un quartier appelé «le môle» c'est-à-dire le moulin. La plupart des ruisseaux alimentant les étangs ont toutefois un cours moins tumultueux que les courants. En amont ils offrent le profil caractéristique des ruisseaux landais, un lit encaissé avec des berges à fortes pentes. En aval, à proximité des

Le Courant d'Huchet.

N° 77

61

étangs ils ont tendance à s'étaler, paressant au milieu des grandes herbes et multipliant les méandres. Même s'ils offrent l'anodin spectacle d'un petit ruisseau, leur rôle capital de drainage, souvent sous-estimé à tort, ne doit pas être oublié.

QUELQUES SITES ENCORE SAUVAGES

Par leur caractère naturel, voire encore sauvage, l'ensemble des sites lacustres exerce un attrait particulier et procure de fortes impressions tenant à la fois à la richesse mais aussi à la fragilité de ce milieu. En effet, la végétation aquatique est non seulement variée (nénuphars, potamots, joncs, doucemère, characées diverses, algues, menthe sauvage, iris, renoncule, myosotis) mais certaines espèces comme les lobélias dortmana de l'étang à Cazaux ou les hibiscus roséus du courant d'Huchet sont de véritables curiosités botaniques. Quant à la faune aquatique elle est encore riche, même si depuis l'introduction de prédateurs comme les sandres, certains poissons d'eau douce disparaissent. Quelques espèces de mer remontent toujours les courants : on trouve des muges et des plies à Aureilhan, des carrelets à Mimizan et des «piballes» (civelles) qui suscitent encore bien des convoitises. Certains lieux particulièrement riches en espèces animales ont fait l'objet depuis quelques années de mesures de protection. Ainsi, au sud de Lacanau, l'étang de Cousseau, zone privilégiée de repos et de nidification des oiseaux migrateurs, constitue depuis 1976 une réserve naturelle de 600 ha, tout comme l'étang Noir au nord de Seignosse. Le Bassin d'Arcachon possède deux sites notoires avec le parc ornithologique du Teich à l'embouchure de l'Eyre où vivent près de 2.000 oiseaux, et le Banc d'Arguin au large du Pilat qui est à la fois résidence permanente, étape d'oiseaux migrateurs et lieu privilégié de nidification pour l'huîtrier pie et le sterne caugek.

Sans poursuivre plus avant et dresser une liste exhaustive de l'ensemble des zones humides du littoral aquitain, c'est-à-dire des milieux de vie caractérisés par la présence permanente ou temporaire de l'eau, il importe d'en souligner l'intérêt écologique assez exceptionnel. Outre leur rôle primordial dans la régulation des mouvements d'eau et dans le système migratoire ouest-européen, ce sont en effet en général, comme nous venons de le voir pour quelques exemples marquants, des lieux privilégiés de refuge et de reproduction pour nombre d'espèces d'oiseaux et de mammifères dont certaines comme la loutre et le vison d'Europe sont en voie de disparition sur l'ensemble du territoire français.

• Adopter une démarche spécifique

L'arrivée d'habitants saisonniers ou permanents dans ces zones naturelles entraîne inévitablement des mutations d'ordre écologique dues à des facteurs tels que le bruit, les accès automobiles, la présence humaine... Cependant, il est possible de les minimiser de façon considérable en prenant un certain nombre de précautions :
- des implantations par groupements de petite envergure, situés dans les zones les moins fragiles par rapport aux risques de pollu-

tion, à la fréquentation... et n'entraînant que des modifications superficielles,
- l'utilisation de matériaux légers les plus naturels possibles et même végétaux tels que bois, roseaux, brandes etc. de manière à se fondre au maximum dans la masse végétale.

UNE MENACE :
L'URBANISATION PROGRESSIVE DES RIVES

L'instabilité du niveau des plans d'eau selon les saisons, la difficulté du maintien des boucaus, la mobilité des sables sur les rives ouest et la présence de marais quasi permanents sur les rives est, ont peu incité jusqu'au siècle dernier les autochtones à s'établir sur les bords des étangs et courants. Ainsi, souvent par mesure de sécurité et de salubrité, bourgs et quartiers ont toujours été installés, voire même déplacés à quelques kilomètres du lac, abandonnant ces sites à la chasse ou à la pêche et plus récemment aux sports nautiques, de la baignade à la planche à voile en passant par le canotage. Dans un premier temps peu d'aménagements ont donc été réalisés (quelques débarcadères, terrains de camping, plages, petits hôtels, restaurants...) laissant se développer le caractère essentiellement naturel de ces sites. Mais progressivement et paradoxalement, l'attrait de la nature a entraîné une demande toujours plus forte, multipliant les tentatives d'urbanisation des rives par lotissements successifs : exemple les Hautes Rives à Biscarrosse.

Dès la fin du siècle dernier, Hossegor en devenant une station balnéaire très prisée d'un petit cercle d'intellectuels a vu progressivement les rives de son étang gagnées par les villas individuelles. Dans sa première version vaste lotissement-jardin, abrité sous les pins, il atteignait moins le site que les divers aménagements plus récents.

N° 81

N° 82

N° 83

Constructions sur pilotis.

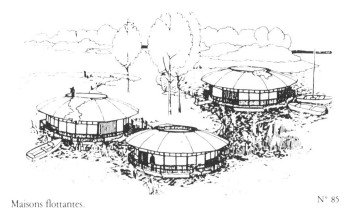

Maisons flottantes.

Les étangs d'Hourtin et de Lacanau victimes de l'attrait qu'ils exercent sur la population bordelaise, auraient subi le même sort sans le rôle vigilant de la M.I.A.C.A. qui a suscité la création de villages de vacances répartis en petites unités groupées évitant d'aliéner l'ensemble du site.

Par contre, en ce qui concerne le Bassin d'Arcachon, on peut considérer qu'à de très rares exceptions près l'ensemble de ses rives sont urbanisées. Il s'agit là d'un phénomène en marche depuis longtemps qui ne devrait toutefois pas entraîner la disparition des quelques coulées vertes encore existantes et dont certaines sont d'un intérêt écologique et paysager majeur (exemple le delta de l'Eyre). Quant aux courants, préservés pour l'essentiel, celui de Mimizan est de loin le plus urbanisé, tirant ainsi un trait d'union entre l'agglomération du bourg et l'antenne de la plage.

• Concevoir une architecture légère et temporaire

L'urbanisation de type traditionnel par lotissements successifs des abords des étangs et courants annexe progressivement ces zones de façon irrémédiable créant une sorte de fourreau bâti standardisé et monotone autour de sites pittoresques. Les remblayages et déboisements répétés, les constructions lourdes et massives compromettent dangereusement tout retour en arrière.

Afin de satisfaire les activités saisonnières de loisir et de tourisme, sans annexer définitivement le site, il serait judicieux de concevoir une architecture légère et temporaire, et même mobile, permettant de libérer le site définitivement dans le cas de non utilisation, ou de façon saisonnière, pour lui permettre «de reprendre son souffle» pendant la pose hivernale. Parmi les différentes possibilités on peut citer :
- les constructions sur fondations ponctuelles, palots ou pilotis, que ce soit sur terre ou sur eau,
- les constructions flottantes sur pontons ou flotteurs indépendants comme des bateaux,
- les éléments mobiles pouvant être déplacés d'un site à l'autre.

Maison-pont sur les courants.

N° 87

N° 88

N° 89

3

LA FORÊT DE PINS

CRÉATION D'UN DES PLUS GRANDS MASSIFS FORESTIERS

La forêt des Landes de Gascogne est sans aucun doute un des plus beaux massifs forestiers d'Europe avec son million d'hectares répartis sur trois départements (Gironde, Landes, Lot-et-Garonne). Elle a la forme d'un triangle appuyé contre l'océan ayant pour sommets La Pointe de Grave, Bayonne et Nérac. Elle est limitée au nord par les Graves viticoles de Bordeaux, au sud par les côteaux de Chalosse et de Tursan et à l'est par les côteaux agenais et gersois.

Née au XIXᵉ siècle d'une extraordinaire mutation économique, elle concrétise la victoire de l'homme sur un espace mouvant et particulièrement inhospitalier.

UNE FORET SPONTANEE

Il est difficile de savoir à quand remonte l'apparition du pin maritime en Aquitaine. Les suppositions sont nombreuses et souvent controversées.

15000 AVANT JC

Certains pensent qu'il est apparu dès le réchauffement du climat survenu 15.000 ans avant notre ère, après la grande glaciation, accompagné d'ailleurs d'autres essences spontanées bien adaptées au climat océanique et au sol sableux tels que chênes, ajoncs et bruyères.

UNE HYPOTHETIQUE FORET PREHISTORIQUE

«Les arbres ont-ils occupé à la fin de la préhistoire tout le domaine des sables avant d'être détruits par les feux allumés par les peuples pasteurs». Là encore les opinions divergent.

QUELQUES BOSQUETS AU XVIIIᵉ SIECLE

Toujours est-il que dès le XVIIIᵉ siècle les quelques pins des Landes de Gascogne font déjà l'objet d'une exploitation organisée : résine traitée en atelier et utilisée au calfatage des bateaux et à la fabrication des torches, distillation pour séparation de l'essence de térébenthine…

Ces quelques pins ne constituent pas un ample massif comme aujourd'hui mais sont réunis en boqueteaux sur les terrains les mieux drainés (petites dunes intérieures, versants et abords des rivières et des ruisseaux) et plus particulièrement les anciennes dunes. Le reste du territoire est occupé par la lande souvent très humide où poussent sur d'immenses étendues des ajoncs d'Europe et des bruyères balais (brande) et pour les plus humides des molinies.

ENSEMENCEMENT SYSTEMATIQUE DES DUNES DEBUT XIXᵉ SIECLE

Etant de loin la zone la plus critique avec la progression incessante des sables vers l'intérieur, le cordon de dunes littorales est le premier à faire l'objet de travaux de plantation en association avec

Commensacq. Sangluròus. Vacher et son troupeau.

Commensacq, Cornalis. Pêcheurs au Lagùuat.

d'autres techniques de fixation : oyats, palissades, ajoncs et genêts… (voir chapitre 1).

ASSAINISSEMENT ET PLANTATION DE L'ARRIERE PAYS FIN XIXᵉ SIECLE

L'arrière pays, d'abord objet de projets isolés, est dès l'application de la loi de 1857 l'objet d'un ensemencement systématique qui donnera naissance au massif forestier que nous connaissons aujourd'hui.

QUELQUES INITIATIVES PRIVEES

Dès le début du XVIIIᵉ siècle, les produits résineux trouvant de plus en plus d'acquéreurs, la bourgeoisie landaise et bordelaise entrevoit de fructueux investissements en aidant l'annexion de terres de pacage (landes) par la culture du pin maritime. Des compagnies rassemblent des capitaux et entreprennent de grands travaux souvent voués à l'échec à cause de leur méconnaissance du terrain.

N° 93
Commensacq. Ségue de La Bruze. Résiniers au Pitey.

70

Des propriétaires fonciers et des communautés rurales essaient de gagner des terres sur la lande en assainissant certaines parcelles. La méthode utilisée est le creusement de «crastes» en amont des ruisseaux pour faciliter l'écoulement des eaux hivernales. Ces expériences se heurtent à l'hostilité des bergers qui n'admettent pas la réduction de leurs terrains de parcours et n'hésitent pas à mettre le feu aux jeunes pins. La superficie conquise reste donc minime par rapport à l'immensité de la lande.

DECISION D'ETAT : LA LOI DU 19 JUIN 1857

Reprenant les principes appliqués par des ingénieurs comme Crouzet (ingénieur des Ponts et Chaussées dans les Landes) ou les frères Desbiey, Chambrelent (ingénieur des Ponts et Chaussées en Gironde) présente en mai 1857 un projet de loi visant à la mise en valeur des Landes de Gascogne. Votée à une très grande majorité, la loi est appliquée dès juin.

Elle prescrivait en son article premier : «*Dans les départements des Landes et de la Gironde, les terrains communaux actuellement soumis au parcours du bétail seront assainis, ensemencés et plantés en bois aux frais des communes qui en sont propriétaires*».

Pour payer les frais des travaux plusieurs communes vendirent une partie de leurs terrains à des capitalistes avertis (Georges Haussmann, les frères Péreire…) qui firent effectuer les mêmes travaux d'assainissement sur les terres ainsi acquises.

OPERATIONS DE DRAINAGE A GRANDE ECHELLE

L'aménagement d'un réseau hiérarchisé de fossés au tracé rigoureux et adapté aux conditions topographiques locales est confié aux services de l'Hydrologie pour les fossés les plus importants et aux communes ou aux particuliers pour les crastes secondaires.

VENTES

Les terrains une fois drainés (les principaux fossés uniquement) sont vendus par lots (concessions) à des particuliers par enchères ou voie privée ou quelquefois sont exploités par les communes elles-mêmes.

ENSEMENCEMENT OU PLANTATION

Le nouveau propriétaire s'engage lors de l'acquisition à terminer l'assainissement (raccordement au réseau principal), à l'entretenir et à mettre les terres en valeur par ensemencement ou plantation de pins ou par toute autre culture de manière à ce que le terrain cesse d'être improductif.

L'article III de la loi fixe à 1/12ᵉ du territoire communal, la part de terrain pouvant faire l'objet, annuellement, de valorisation. Cet échelonnement dans le temps et la division par lots ont conduit aujourd'hui à un fort morcellement qui pèse lourd sur l'exploitation actuelle de la forêt.

RESULTAT D'UNE POLITIQUE SYSTEMATIQUE

Le principe de boisement systématique, appliqué de façon ininterrompue, rapide et intense a conduit :

- en 1830 à une forêt de 200.000 ha
- en 1857 à une forêt de 300.000 ha
- en 1873 à une forêt de 600.000 ha
- en 1890 à une forêt de 850.000 ha
- en 1914 à une forêt de 1 million d'ha.

EXPLOITATION DU MASSIF FORESTIER

AU DEBUT DU SIECLE : L'APOGEE

Dans la période qui précède la première guerre mondiale l'exploitation de la forêt landaise atteint son apogée :
- les pins issus de la loi de 1857 sont adultes et peuvent être résinés,
- l'activité économique bat son plein : poteaux de mines, térébenthine…,
- l'élevage du mouton sous forêt est maintenu permettant un entretien facile et peu onéreux du sous-bois.

DES 1914 : LE DECLIN

La première guerre mondiale marque le début du déclin de l'exploitation de la forêt :
- la pénurie de main-d'œuvre masculine pendant la guerre rend difficile l'entretien,
- la baisse du cours de la résine décourage les jeunes de retour de la guerre qui émigrent vers les villes,
- l'abandon de l'élevage du mouton entraîne de grandes difficultés d'entretien (débroussaillage) et un coût d'exploitation plus important lié à la mécanisation,
- le relâchement dans l'entretien des fossés favorise la réapparition des inondations hivernales de certaines parcelles qui ont alors un moindre rendement,
- les incendies anéantissent 400.000 ha de 1939 à 1950.

1950 : LA RELANCE ECONOMIQUE

Grâce à la mise en place de systèmes de protection contre l'incendie et à un programme de restauration, l'exploitation forestière prend un nouvel élan.

1960 : LE REGNE DES PAPETERIES

Devenues les seuls débouchés rentables pour ce fantastique capital forestier, les papeteries provoquent d'importantes modifications qui finissent par remodeler la forêt, condamnant même certaines activités : on coupe les pins plus jeunes et les grandes futaies résinées disparaissent.

ACTUELLEMENT : DE GRAVES DIFFICULTES

Après cette période de prospérité, la forêt landaise connaît actuellement de nouvelles difficultés :
- prix de revient élevé du bois de papeterie,
- difficultés d'exploitation du bois d'œuvre : les dimensions de débitage, la qualité des traitements et les prix ne sont pas toujours concurrentiels.

N° 94

UNE FORET D'EXPLOITATION

La forêt landaise est avant tout une forêt d'exploitation et non une forêt de loisir comme semblent le croire certains touristes horrifiés face aux coupes rases et aux débroussaillages systématiques. En raison de sa vocation avant tout économique, elle ne peut pas être un vaste massif uniforme de grandes futaies ayant pour seul objectif la promenade et le repos des résidents secondaires.

ALTERNANCE DES COUPES ET DES FUTAIES

Entretenue par un méthodique travail de gestion forestière, elle est soumise à l'alternance de parcelles :
- de grands pins aux hautes cimes, affichant encore parfois leurs «cares» ruisselantes de résine,
- de petits pins bien alignés,
- de jeunes arbres enfouis dans les ajoncs et les bruyères,
- de coupes rases envahies par les bruyères.

TRACES GEOMETRIQUES DES PARCELLES

Cet aspect rigide et mécanique est souvent accentué par :
- le tracé géométrique des parcelles issues du partage des landes lors de l'application de la loi de 1857,
- le tracé rigoureux des «crastes» nécessaires au drainage,
- le réseau régulier des pare-feux.

INCENDIES ET PARE-FEUX

Les incendies sont aujourd'hui moins fréquents et moins importants grâce au dispositif de défense mis en place dans les années 50, au lendemain de la période particulièrement désastreuse de 1942 à 1949 où 400.000 ha ont brûlé :
- création de postes de surveillance (miradors),
- équipement de corps de sapeurs pompiers forestiers,
- création de pistes accessibles aux engins motorisés,
- création de points d'eau,
- mise en place d'un réseau de pare-feux très dense composé de larges et longs couloirs dénués de végétation, quadrillant la forêt en lots de superficie réduite, qui limitent la destruction à des parcelles localisées et évitent l'embrasement général.

UNE FORET DE LOISIR

Essentiellement à cause de son mode de création et de sa vocation économique, la forêt de pins est traditionnellement inhabitée. Ayant succédé aux vastes étendues de landes désertes, la forêt

N° 96

N° 97

a seulement encerclé les îlots de colonisation qu'étaient les bourgs et les quartiers. Elle est donc uniquement peuplée de petites cabanes qui abritaient autrefois les résiniers pendant leur exode hebdomadaire voire saisonnier. Ces vastes étendues boisées ont, dès la fin du siècle dernier, fait naître chez les amateurs de nature, adeptes des voyages et des séjours de vacances, un intérêt tout particulier.

LA «VILLE D'HIVER D'ARCACHON»

Exclusivement ville de bains de mer jusqu'à ce que la théorie des vertues bienfaisantes des baumes résineux acquière ses lettres de noblesse, Arcachon est devenue à la fin du XIXe siècle une station médicale renommée. De nombreux médecins vantèrent en effet avec enthousiasme les mérites du climat exceptionnel d'Arcachon, de sa forêt de pins, les qualités de ses eaux et s'associèrent au monde des affaires pour donner corps à leur projet convergeant : faire d'Arcachon une ville de cures et un lieu de rencontre privilégié de toute la haute société. La forêt d'Arcachon fut ainsi désignée comme lieu idéal de séjour alors que certains hommes d'affaires (les frères Péreire) purent acquérir ces terrains domaniaux tant convoités grâce à leur acharnement et à une loi de circonstance (loi du 28 juillet 1860 relative à l'exécution des routes forestières).

En lotissant cette forêt, ils entrevoyaient enfin la rentabilité de leurs investissements antérieurs : des milliers d'hectares dans la lande girondine et surtout la ligne de chemin de fer Bordeaux-Arcachon. La forêt fut donc envahie dès 1862 par de nombreux bungalows qui devinrent très vite des villas toujours plus luxueuses, et disposées selon un plan confirmant une nouvelle forme d'urbanisme : le lotissement paysager.

La ville d'hiver d'Arcachon témoigne d'une remarquable adaptation au site, une subtile relation d'échelle s'est établie entre la conception du lotissement, la création des villas et le paysage et ceci d'une manière monumentale.

Les voiries se sont jouées du relief et de la végétation par des tracés en boucles pour former les îlots adaptés aux mouvements de la dune. Les villas sont quasiment «plantées» au milieu des parcelles comme les grands pins, avec une architecture aux volumes simples dont les verticales sont bien souvent soulignées. Monumentalité enfin, quand le paysage forestier est maintenu uniformément et sans rupture : la masse végétale de résineux se situe en altitude et dégage les perspectives intensifiées par le relief.

HOSSEGOR : LES VILLAS SOUS LES PINS

Largement vanté par les écrivains et les journalistes (M. Martin et J.H. Rosny), le site d'Hossegor attendra jusqu'en 1905 pour accueillir un hameau de villas. Mais dès 1923, vu l'engouement, une société immobilière entreprend de lotir 300 ha de forêt. Ce ne sera que le début d'un phénomène qui envahira l'ensemble de la forêt jusqu'à Seignosse.

LES LOTISSEMENTS DANS LA FORET

C'est seulement au cours des dernières années et à partir des pôles touristiques existants, que des maisons plus modestes que les villas balnéaires du début du siècle, ont «poussé» sous les pins et que l'on a vu se multiplier les lotissements dits «de la forêt». Ce sont très souvent des initiatives «d'étrangers» au pays, les landais préfèrent généralement la bienveillance des chênes ou des feuillus qui sont, il faut l'avouer, plus sécurisants en cas de fortes tempêtes ou d'incendies.

COMPRENDRE ET HABITER CE PAYSAGE FORESTIER

Construire dans un paysage aussi uniforme et rigoureux que la forêt landaise n'est pas aussi simple qu'il y paraît de prime abord. Une analyse systématique des différents éléments qui composent ce site permet de mettre en évidence un éventail de possibilités assez vaste allant du mimétisme aux compositions originales extraverties. Quelque soit le choix, il convient d'éviter que les bâtiments apparaissent comme des objets posés et rapportés dans le site et de faire en sorte qu'ils s'y intègrent comme s'ils appartenaient au décor depuis toujours.

UN RESEAU DE LIGNES DIRECTRICES TRES MARQUEES

Le spectacle équilibré offert par le paysage forestier résulte de la composition parfois un peu statique d'éléments très simples :

Un support très linéaire, plat ou mollement vallonné (uniquement dans les dunes et à proximité des ruisseaux). Dans la plupart des cas l'horizon est bloqué dès le premier plan, écartant toute possibilité de point de vue,

Un réseau rigoureux de lignes verticales strictes composé par les troncs monolithiques qui rythment régulièrement le paysage de façon plus ou moins forte selon l'âge des pins et l'ampleur du sous-bois,

Une masse horizontale formée par les vertes frondaisons d'aiguilles de pins qui créent en quelque sorte un plafond limitant les verticales des troncs,

Une assise molle et vaporeuse constituée par le sous-bois qui chausse les pins, estompant plus ou moins leur rigueur. Cette végétation basse peut aller des simples herbes (molinies) aux arbustes (ajoncs, genêts, arbousiers...) et même aux petits arbres (chênes verts et chênes liège).

• Conforter ou bouleverser la linéarité du terrain

En accompagnant rigoureusement la platitude du sol, le moindre volume bâti conforte l'équilibre statique du site. Par contre, pour lui donner plus de rythme, le bâtiment doit appuyer les accidents de relief, quand ils existent, ou créer artificiellement un mouvement à l'échelle de l'uniformité ambiante. Ce choix peut se traduire de multiples façons et notamment par :
- une composition dynamique du plan masse,
- des jeux de volumes et de toitures et des cascades de terrasses,
- la multiplication des niveaux par des jeux de pilotis ou de plateformes.

• Composer avec les lignes de force du paysage

Par leurs volumes, les bâtiments peuvent servir à marquer les lignes de force directrices du paysage :
- une horizontalité très marquée permet de souligner la verticalité des troncs, tout en accompagnant la succession des différentes strates de la végétation (sous-bois, troncs et feuillage),
- une verticalité très marquée du volume accentue le mouvement ascendant des troncs,
- par contre une composition en diagonale permet de créer une nouvelle génération de lignes de force et une nouvelle harmonie des volumes dans le paysage.

Lignes horizontales.   N° 99

Lignes verticales.   N° 100

Lignes diagonales.

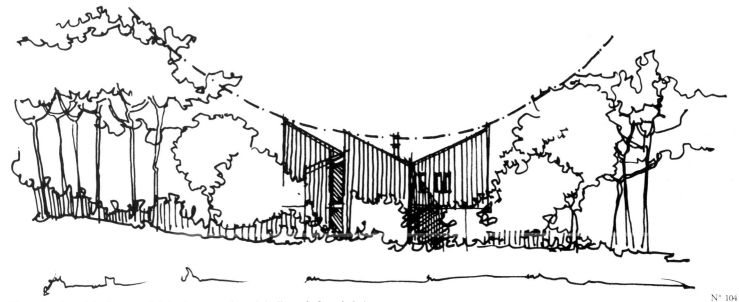

Adapter le volume à la silhouette végétale : la construction suit les lignes de force du boisement.

UNE MASSE VEGETALE CHANGEANTE MAIS OMNIPRESENTE

UN CYCLE REGULIER DE MUTATIONS

La forêt landaise est avant tout une forêt de production qui est soumise à un cycle lent mais régulier de coupes et d'ensemencements. Les déboisements font brutalement apparaître le support dans toute sa rigueur et sa dureté, créant momentanément un site complètement différent du paysage forestier.

DES ASSOCIATIONS VEGETALES LIEES A L'HUMIDITE DU SOL

Déterminé par la profondeur de la nappe phréatique, le degré d'humidité du sol reste un facteur primordial de l'éventail des utilisations d'un terrain. Pour chaque cas particulier, l'analyse de la composition du sous-bois est indispensable, chaque association d'espèces étant un indicateur infaillible du degré de drainage.

Ainsi la molinie associées aux bruyères quatre angles (érica tétralix) et ciliée (érica ciliaris) est le témoin d'une lande humide mal drainée, où la nappe phréatique affleure le sol en janvier pour ne descendre qu'à 1 mètre à l'étiage en septembre. Par contre la brande (calluna vulgaris) associée à la bruyère cendrée (érica cinéréa) et à l'hélianthème est la preuve d'un terrain bien drainé et même sec puisque la nappe phréatique peut descendre à plus de 2,5 mètres en été. En ce qui concerne la fougère aigle (ptédidium aquilium) et l'ajonc d'Europe (ulex europaeus) ils sont synonymes de la lande semi-humide où la nappe phréatique navigue entre 0,50 m du sol en janvier et 1,50 m à 2 m en septembre.

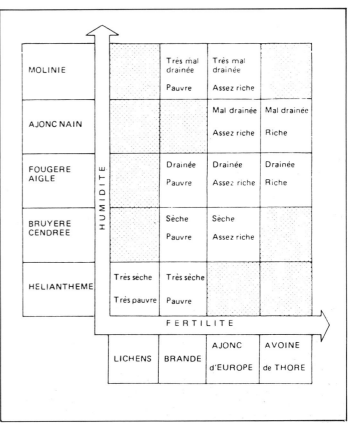

Différents types de Lande selon l'humidité et la fertilité du sol.

Répartition de la végétation en fonction du niveau de la nappe phréatique.

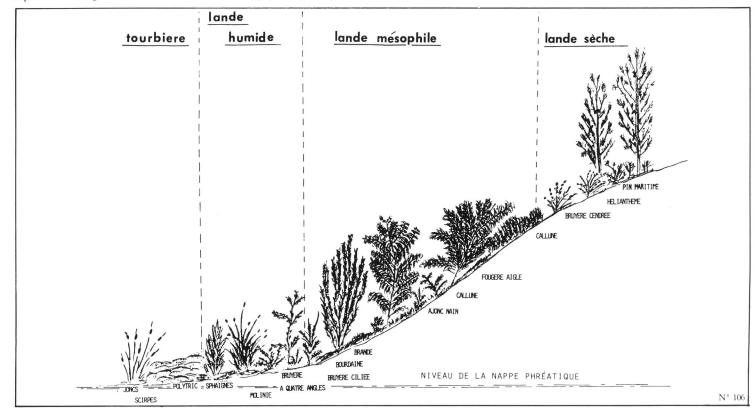

UNE PALETTE DE COULEURS CHATOYANTES

Malgré la persistance des aiguilles de pins et l'ampleur de cette masse brune et vert foncé, la forêt est riche en couleurs grâce à la variété de son sous-bois. La palette se modifie selon les espèces et les saisons, allant des teintes douces et pastel aux taches vives et contrastées, en passant par les camaïeux soutenus :
- au printemps éclatent les jaunes vifs des ajoncs, des genêts et des hélianthèmes sur un fond brun foncé de fougères mortes, que mettent en valeur les verts tendres des pousses d'herbe, de bruyères et des crosses de jeunes fougères,
- en été, les mauves délicats des bruyères commencent à envahir le vaste écrin vert des fougères et des grandes herbes en proie aux attaques du soleil,
- en automne, les fougères prennent les tons roux chatoyants tandis que les petites bruyères déploient leurs vastes vagues mauves et que les taches jaunes des ajoncs et rouges des fruits des arbousiers réhaussent l'ensemble,
- en hiver, quelques arbustes tels que le houx et l'arbousier gardent leur feuillage vert luisant tandis que les fougères s'écrasent pour tapisser le sol de brun foncé et que les molinies éclairent de vastes étendues de leur jaune paille.

• Composer avec la rigueur des pins

L'omniprésence des pins est un facteur primordial dans le choix architectural. Très souvent une clairière est pratiquée dans la forêt pour y installer le nouveau bâtiment. Même si cette multiplication de petites trouées ne compromet pas l'existence du massif forestier, cette démarche radicale n'est pas souhaitable. Elle provoque trop de ruptures paysagères répétées dont l'impact est amplifié par les abattages sur les parcelles voisines exploitées pour le bois. Conserver un maximum d'arbres (pins ou essences associées) est souvent une meilleure solution qui permet d'utiliser la végétation comme écrin mettant en valeur l'architecture.

En effet, un choix judicieux de la zone à aménager et le recours à une composition prenant en compte le réseau d'implantation des arbres (telle que croix, courbes, damiers, patios...) induisent des résultats plus riches où le bâtiment s'insinue dans la végétation sans l'amputer de façon préjudiciable. Si la proximité des pins représente un danger aux yeux de certains habitants (chutes d'arbres ou de branches suite aux intempéries, incendies, envahissement d'aiguilles de pins...) il est toujours possible d'envisager un repeuplement progressif de feuillus. Même si l'effet n'est pas immédiat, à long terme, la rupture entre le bâti et la forêt sera amoindri. De plus les feuillus présentent par rapport aux pins, des avantages climatiques importants (ombre et fraîcheur en été, soleil en hiver) et de résistance à l'incendie que les landais ont su exploiter depuis longtemps sur les airials.

• Se situer dans les strates végétales

Du sol aux cimes des arbres, un terrain planté de pins adultes, offre un très large espace constructible dans lequel il est indispensable de se situer : au ras du sol, enfoui dans les arbustes du sous-bois, parallèle aux troncs, dans le plafond d'aiguilles de pins voire au-dessus.

Outre l'aspect des compositions volumétriques et les souhaits du maître d'ouvrage, l'humidité du sol est un critère primordial dans le choix. Se désolidariser d'un sol mal drainé, envahi de molinies, en montant le volume bâti sur pilotis est toujours souhaitable, alors que les épaisses masses de brande peuvent offrir un écrin confortable à un volume collé à un sol sec.

• Jouer avec les différentes masses végétales
Une architecture végétale :

L'abondante végétation du sous-bois adoucit la rigueur des pins, elle peut jouer le même rôle auprès des constructions. En estompant la rigueur des volumes, elle peut modifier les formes initiales. Elle leur donne un caractère plus naturel, créant un lien solide avec le site et prolongeant l'effet enveloppant du sous-bois. C'est, bien sûr le cas, lorsqu'elle gagne les toitures grâce aux terrasses plantées, mais il s'agit là d'une solution extrême. On peut imaginer de multiples combinaisons intermédiaires : patios, jeux de transparence…

N° 107

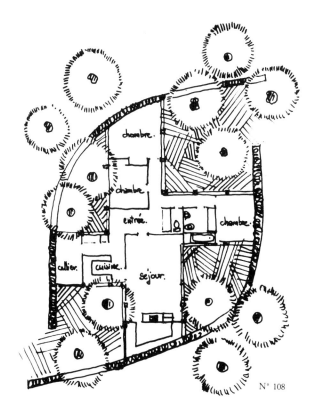

N° 108

Inscrire la construction dans la trame du boisement.

Une architecture souple

Même très tourmenté, un volume bâti peut rester discret dans le paysage : il suffit que sa silhouette soit en accord avec les masses végétales qui l'entourent. Ainsi par exemple sur les bordures des chemins ou des terrains agricoles, les moutonnements souples des feuillus remplacent la rigueur uniforme des pins et peuvent susciter des compositions spécifiques étroitement liées à l'équilibre existant.

● Exploiter la texture des matériaux

Le choix de matériaux naturels à texture végétale (bois, brande, chaume, joncs...) ou issus du sol (terre crue ou cuite) favorise de façon certaine l'intégration d'un bâtiment dans le contexte végétal de la forêt. Ces matériaux assurent un équilibre très stable avec l'environnement immédiat. C'est la certitude d'un mimétisme presque absolu.

● S'intégrer par la couleur

Quel que soit le parti volumétrique, la couleur est un facteur qui conditionne l'impact du bâtiment dans son environnement.

Une masse sombre

L'utilisation de couleurs sombres (brun, vert, ocre) assure une continuité avec les principales masses végétales (troncs, feuillage, fougères...) et la pénombre de la forêt. Ces teintes doivent être choisies en fonction de l'environnement immédiat et de la position de la maison dans les strates végétales. Foncées, elles évitent au bâtiment de briller d'un éclat trop lumineux. C'est l'assurance d'une grande discrétion.

Des taches vives

Pour redonner de l'éclat et de la vigueur à un ensemble sombre et uniforme, la répartition judicieuse de quelques touches de couleurs très vives s'avère très efficace. Choisies parmi les teintes qui colorent le sous-bois : jaune des ajoncs et des genêts, violet des bruyères ou vert très tendre de certains feuillus..., ces taches de couleur mettent en valeur l'ensemble du site. Réparties sur de petites surfaces, elles soulignent certains détails architecturaux (charpentes, encadrements, ouvertures, menuiseries...) qui animent les façades. Vues uniquement à petite distance elles ne compromettent pas l'ensemble d'un site.

De délicates harmonies

Pour créer une nouvelle harmonie, il peut être intéressant d'utiliser les teintes pastel en complément ou camaïeux avec les masses végétales voisines (tapis de bruyères, fougères, buisson de feuillus...) ou tout simplement issue de la couleur du sol. C'est une opération délicate surtout dans le dosage des tons, mais qui réserve parfois des effets pleins d'élégance.

N° 114

N° 115

Utiliser la végétation existante :
le sous-bois gagne la toiture.

DEUXIEME PARTIE

DU PEUPLEMENT
A LA VILLEGIATURE

UNE PRESENCE HUMAINE TRES ANCIENNE

C'est seulement à partir du mésolithique, avec l'adoucissement du climat que les hommes s'établirent, semble-t-il, à proximité de la rive orientale des étangs médocains (Lacanau-Hourtin). Plus tard, au néolithique, les peuples chasseurs-pêcheurs s'implantèrent sur les rivages de l'estuaire de la Gironde, des étangs landais et du bassin d'Arcachon, et il est maintenant reconnu que dans la presqu'île médocaine comme autour du bassin d'Arcachon, l'occupation humaine a été continue depuis l'âge de bronze (1700 avant J.C.). Toutefois, cette occupation humaine du littoral est restée longtemps très faible et très localisée, l'espace s'est structuré en «pays» dont le plus ancien centré sur le bassin d'Arcachon est le pays de Buch.

Dans sa plus grande extension historique il allait de Lacanau à l'étang de Cazaux. Sans doute originaires de la vallée du Main, les Boiens qui le peuplaient pratiquèrent l'agriculture, la récolte et le négoce du sel qui était acheminé vers l'intérieur par des chemins qui longeaient la basse vallée de l'Eyre. Cette voie se prolongeait au nord vers Arès et le Médoc et au sud vers Dax, entre le cordon dunaire et les rives innondables des étangs. La route littorale des pélerins de Saint-Jacques de Compostelle empruntera plus tard ce même parcours, du nord au sud, le long de la gouttière prélittorale.

La permanence de cette voie a joué un grand rôle dans la fixation des noyaux de peuplement. Elle était jalonnée de hameaux et de prieurés, dont la plupart jouissaient de larges droits de pacage dans les landes et les bois proches des étangs et participaient à la mise en valeur de ces terres.

C'est une alternance de périodes prospères et de périodes difficiles qui marquent les étapes majeures de l'Histoire d'Aquitaine que l'on peut résumer par les grands moments suivants :
- le paléolithique supérieur 35.000 av. J.C. (l'homme de Cro-Magnon 30.000 av. J.C. près des Eyzies),
- le néolithique 6.000 av. J.C.,
- l'âge des métaux 2.500 av. J.C.,
- aux 7e et 6e siècles av. J.C. la venue des Celtes et le développement de l'agriculture et de la vigne avec l'occupation des troupes romaines en 40 av. J.C.,
- l'occupation romaine : le développement des voies de communication et l'apparition des villes et des bourgs,
- les invasions barbares au IIIe siècle : fortification des villes,
- l'invasion des Vandales (406) et des Wisigoths (412) s'accompagne d'une destruction du pays,
- le renouveau du VI/VIIe siècle,
- l'apparition du royaume d'Aquitaine sous Charlemagne,
- l'invasion par les Normands au IXe siècle la reconquête puis le morcellement,
- l'époque des Ducs de Gascogne, puis des Ducs d'Aquitaine au Moyen-Age, apparition des Seigneuries, Marenne, Born, Buch, Tartas, Marsan, Gabardan, Tursan, Dax, Orthe, Labourd,
- XIe siècle : défrichement et développement des cultures dans les Sauvetés. Développement des chemins de Saint-Jacques de Compostelle dont un itinéraire par Soulac, Mimizan et Bayonne,
- l'essor des Communes au XIIIe siècle et l'organisation administrative du Duché,

Toutefois, le littoral aquitain semble rester très à l'écart des événements qui marquent l'histoire de la Région et des modifications économiques survenues entre l'époque des seigneurs et la fin du XVIIIe siècle.

On n'y rencontre pas en effet de ville fortifiée, de château, de trace monumentale des périodes d'autonomie locale que furent celles des Captalats, tout au plus recense-t-on quelques monuments isolés : l'église romane de Soulac, l'église de la Sauveté de Mimizan, une Tour à Arès, etc. Seuls la disposition des bourgs agricoles et le système de l'airial témoignent d'une organisation ancienne, mais en fait développée au XVIIe siècle.

Jusqu'au XIXe siècle la plus grande partie du pays où le climat humide favorise le maintien de vastes landes à ajoncs et à bruyères est le domaine d'une vie essentiellement pastorale qui doit s'accomoder des innondations hivernales généralisées.

Support d'une organisation communautaire remarquable contrôlant l'usage des immenses parcours dont elle disposait, l'ancienne lande était partagée entre des communautés villageoises groupant un ensemble de «quartiers».

Chaque «quartier» associe plusieurs «airials», îlôts de base du peuplement humain, disséminés au milieu de la lande aux abords des petites vallées, secteurs naturellement bien drainés.

Pour l'essentiel dans cette lande pastorale les bourgs ne se distinguent des autres «quartiers» que par la seule présence d'une église.

Comme on l'a vu précédemment, cependant sur le chemin romain emprunté plus tard par les pélerins de Saint-Jacques de Compostelle, entre Soulac, la Teste et Bayonne, quelques villages anciens (Mimizan, Soustons, Capbreton...) se sont progressivement étoffés et ont acquis la structure d'un bourg aggloméré bien avant les grandes transformations du siècle dernier.

En effet, on peut dire que le paysage urbain du littoral Aquitain reste essentiellement un paysage du XIXe siècle. L'organisation administrative du département, la création des édifices publics ont confirmé une centralisation communale sur le bourg amorcée lors des bouleversements sociaux et économiques engendrés par le boisement de la lande. Elle a été d'autant plus importante pour ceux qui se trouvaient au carrefour de routes ou sur une ligne de chemin de fer. Enfin le début du développement touristique a apporté l'architecture balnéaire comme modèle, a renouvelé le paysage urbain avant même la grande mutation du milieu du XXe siècle.

AUJOURD'HUI, UNE RÉPARTITION TRÈS CONTRASTÉE DE LA POPULATION

La plupart des communes du littoral aquitain s'étendent sur des territoires très vastes qui englobent d'importants secteurs naturels faiblement peuplés : dunes, forêts, landes et marais. Presque toutes couvrent une surface 5 à 10 fois plus importante que celle de la moyenne des communes françaises (14,33 km²). Seules Arcachon, Uza, Aureilhan, Vieux Boucau et les communes de Maremne ont des petits territoires communaux. Une dizaine de communes couvrent plus de 100 km² et les plus grandes d'entre elles (La Teste, Hourtin, Carcans, Biscarrosse) avoisinent les 200 km². A ce gigantisme correspond, en règle générale, des densités de population très inférieures à la moyenne régionale (63 habitants/km²) et nationale. Les plus faibles caractérisent le littoral médocain (16 habitants/km²) et le littoral landais, même si de superficie à peu près équivalente il est deux fois plus peuplé (30 habitants/km²). Seul le Bassin d'Arcachon, avec 56 habitants/km², s'approche de ces moyennes et présente même avec la commune d'Arcachon (2.500 habitants/km²) et sept des dix communes riveraines du bassin des densités de type urbain. Cette disparité du peuplement se reflète dans la répartition des unités urbaines sur le littoral aquitain. Le littoral médocain, secteur le moins peuplé n'en compte qu'une (l'ensemble Lesparre-Gaillan) ce qui accentue son caractère rural et le différencie du littoral landais, notamment sa partie sud, où on en dénombre six.

Le Bassin d'Arcachon, beaucoup moins étendu, constitue avec huit communes sur dix de type urbain, une particularité sur l'ensemble du littoral aquitain. En corrélation avec ce découpage démographique, des contrastes «horizontaux» sont également perceptibles : pour l'essentiel le peuplement se manifeste en arrière du cordon dunaire littoral et des grands étangs, loin d'une côte souvent inhospitalière.

On peut le vérifier au nord entre Soulac et le Cap Ferret, au sud entre le Pyla et Saint-Girons où la population permanente des stations océanes est très réduite et où les implantations humaines se localisent sur la rive orientale des étangs à une dizaine de kilomètres les unes des autres. Etablies sur les rares secteurs non marécageux, elles sont plus rapprochées en Bas Médoc.

Mais une forte implantation humaine caractérise des secteurs côtiers ponctuels comme la pointe du Médoc, le Bassin d'Arcachon, le littoral landais de Vieux Boucau à Capbreton. Si la Maremne se distingue par la multiplicité des bourgs et les faibles distances qui les séparent, le Bassin d'Arcachon, quant à lui, supporte une urbanisation quasi-continue de part et d'autre de la route qui le longe. L'espace urbanisé a absorbé l'ancien habitat en hameaux.

Les contrastes observés dans la répartition de la population sur le littoral aquitain reflètent la diversité des activités, des formes d'habitat, des équipements et l'inégale emprise de l'homme sur le milieu qui l'environne. Cependant, des traits communs peuvent être dégagés, sur des groupements de communes dont les limites reprennent plus ou moins les frontières des anciens «pays» : Pointe

du Médoc, Médoc des étangs, Bassin d'Arcachon, Pays de Born,
Marensin et Maremne.

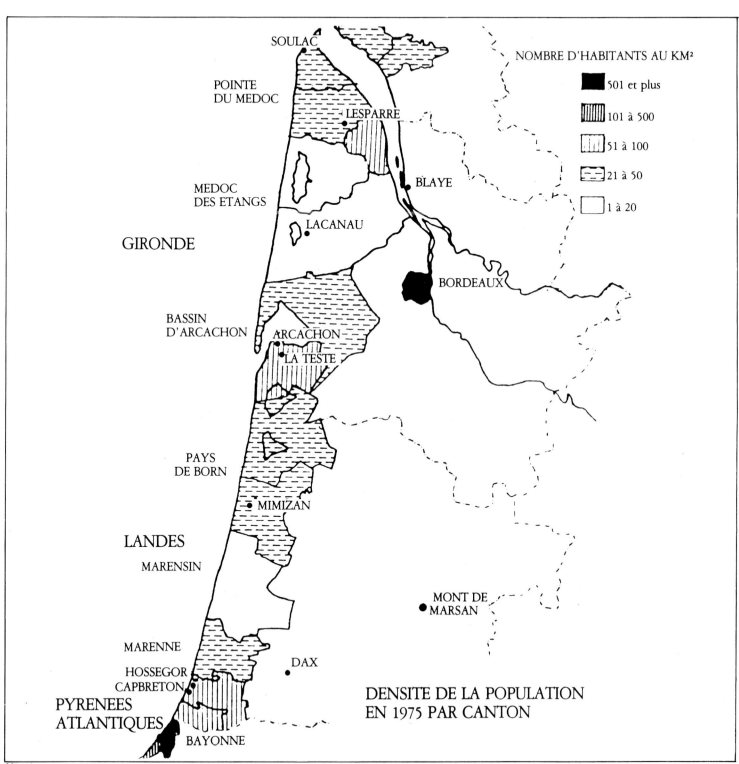

NOMBRE D'HABITANTS AU KM²

501 et plus
101 à 500
51 à 100
21 à 50
1 à 20

SOULAC
POINTE
DU MEDOC
LESPARRE
BLAYE
MEDOC
DES ETANGS
LACANAU
GIRONDE
BORDEAUX
BASSIN
D'ARCACHON
ARCACHON
LA TESTE
PAYS
DE BORN
MIMIZAN
LANDES
MARENSIN
MONT DE
MARSAN
MARENNE
DAX
HOSSEGOR
CAPBRETON
PYRENEES
ATLANTIQUES
BAYONNE

DENSITE DE LA POPULATION
EN 1975 PAR CANTON

L'AMENAGEMENT DE LA COTE AQUITAINE : PRINCIPES ET PREMIERES ACTIONS

Suite à un développement longtemps spontané et face à l'essor d'un tourisme estival grand consommateur d'espace, le littoral aquitain caractérisé par de vastes territoires communaux, l'importance du domaine naturel (forêt, dunes, marais et landes), et une répartition de population très contrastée, fut rapidement confronté à de graves problèmes d'organisation de l'espace.

Très tôt la nécessité d'un plan d'aménagement, d'envergure régionale, afin de «rationaliser les choix» se fit sentir.

Différentes études furent entreprises dès 1944 à cet effet. Un Groupe Régional de travail fut créé en 1965 tandis que les projets foisonnaient sur les divers points de la côte, autant d'interventions disparates qui justifièrent pleinement, afin de coordonner l'aménagement et le développement touristique, la création le 20 octobre 1967 de la Mission Interministérielle d'Aménagement de la Côte Aquitaine (M.I.A.C.A.) dont le champ d'action comprenait en Gironde et dans les Landes la bande des communes côtières et le bassin de l'Eyre (soit 58 communes littorales sur 390 000 hectares).

La M.I.A.C.A. n'a toutefois pris son véritable départ qu'en 1970 avec la création d'une ligne budgétaire spécifique.

Jusqu'à cette date on ne pouvait compter à son actif que le rôle primordial qu'elle avait joué dans la création le 16 octobre 1970, du Parc Naturel Régional des Landes de Gascogne qui s'étend sur le territoire de 22 communes de la Gironde et des Landes (206.000 hectares où vivent 30.000 habitants) au cœur du massif forestier Gascon. Son axe principal est constitué de deux rivières landaises : la Grande et la Petite Leyre qui deviennent l'Eyre girondine avant de se jeter dans le Bassin d'Arcachon par un delta, sorte de petite Camargue en Aquitaine.

Voulant redonner à ces rivières la place qu'elles occupèrent dans l'histoire de la lande comme zones de peuplement et artères de vie, le Parc Régional s'est attaché, conformément à sa charte, à conserver les témoignages d'un type de vie disparu ou en voie de disparition, à participer à l'évolution du pays tout en préservant les paysages, à s'inscrire dans l'économie d'une région, à favoriser un tourisme de qualité et à développer une pédagogie de l'environnement en étant «une école de terrain» (cf. Annexe).

Mais revenons à la M.I.A.C.A. et laissons au Président Biasini le soin de dresser le bilan de son activité au cours des quinze années qui viennent de s'écouler.

Les principes d'action de la M.I.A.C.A. ont comporté un certain nombre d'innovations :
L'aménagement touristique a été maîtrisé pour servir au développement global du pays, alors que trop souvent le tourisme a été cause de désordre et de destruction des équilibres.

Pour éviter que le succès du tourisme n'engendre sa propre destruction et ne défigure le pays, on a dû en Aquitaine freiner une extension inconsidérée et anarchique ; coup d'arrêt promotionnel dès 1970, mesures de protection foncière (180.000 hectares de pré-ZAD progressivement transformées en ZAD au fil du déve-

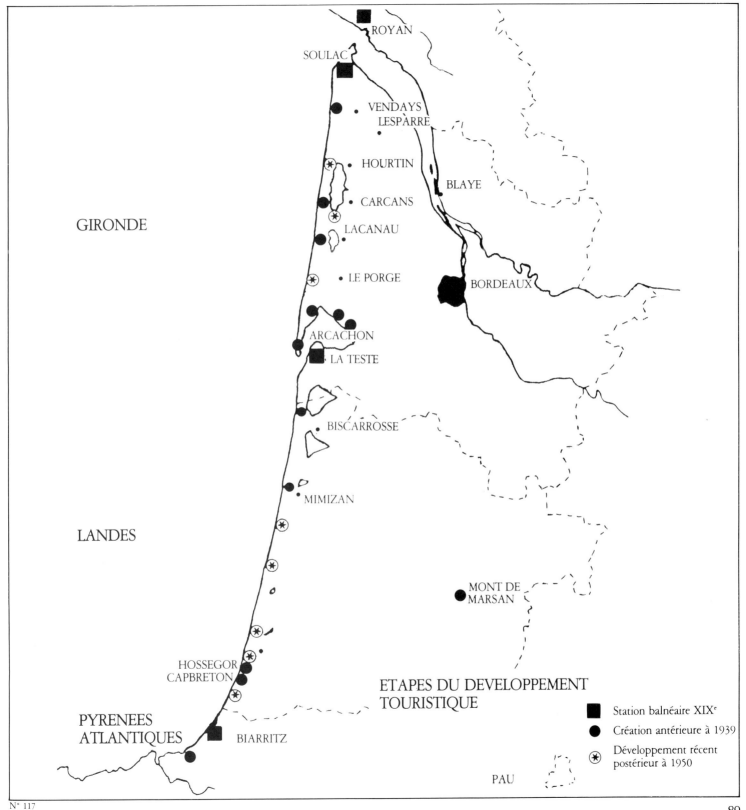

ROYAN

SOULAC

VENDAYS
LESPARRE

HOURTIN

GIRONDE

CARCANS

LACANAU

BLAYE

LE PORGE

BORDEAUX

ARCACHON

LA TESTE

BISCARROSSE

MIMIZAN

LANDES

MONT DE
MARSAN

HOSSEGOR
CAPBRETON

ETAPES DU DEVELOPPEMENT
TOURISTIQUE

PYRENEES
ATLANTIQUES

BIARRITZ

Station balnéaire XIXᵉ

Création antérieure à 1939

Développement récent
postérieur à 1950

PAU

loppement de l'outil urbanistique et réglementaire) schémas d'aménagement approuvés par le Gouvernement en 1972 et 1974 qui instituent l'équilibre entre les zones d'urbanisation (Unités Principales d'Aménagement) et le respect de l'espace naturel (Secteurs d'Equilibre Naturel) ainsi que la greffe de tout équipement nouveau sur les installations existantes traditionnellement vouées au tourisme. Nulle part en Aquitaine, la Mission n'a créé de développement touristique «ex nihilo» sous forme de ces grandes stations artificielles qui, quel que puisse être leur succès spectaculaire, demeurent étrangères au pays, le défigurent, et l'entraînent même par leur dynamisme dans une évolution où ne se retrouvent aucune de ses racines profondes : une sorte de quart-monde touristique, universel et sophistiqué, où meurent les pays avec leur âme, en se ressemblant tous.

La règle de la Mission a toujours été au contraire de donner priorité à l'Aquitaine par rapport à son tourisme, et de le faire évoluer en respectant «et son visage et son âme». Ce pari est gagné.

La définition d'un produit touristique spécifiquement aquitain. Les valeurs de nature et d'espace sont ainsi devenues fondamentales dans le Schéma d'Aménagement. Cette notion de respect des caractères proprement aquitains sous-entend le maintien constant de l'équilibre entre offre et demande et donc une vigilance de tous les instants dans le respect du schéma... Paradoxalement, l'Aquitaine, pays artificiel s'il en est, produit par un aménagement tenace et continu depuis le XVIIIe siècle, est perçue désormais comme une grande terre où les valeurs naturelles ont été protégées et mises en valeur dans leur signification profonde. C'est cette image que le pays doit conserver. Il est symbole de l'antidévergondage promotionnel.

La responsabilité des actions a toujours été le fait des collectivités locales. La décentralisation s'appliquait ainsi à l'Aquitaine avant l'heure...

Enfin, la vocation sociale du tourisme aquitain a toujours été clairement affirmée. L'Aquitaine pouvait faire bon accueil au plus grand nombre et c'est en parfaite coordination avec les collectivités locales et les Conseils Généraux que cette voie nouvelle a été exploitée, comme l'avait montré la Gironde qui avait lancé l'expérience de la base de loisirs de Bombannes. La Mission a fait sienne et concrétisé cette orientation. En 1976, le CIAT du 23 février la confirmait en demandant que 30 % des hébergements créés soient à vocation sociale.

En 1977, le rapport Blanc «Choisir ses loisirs» reconnaissait cette vocation en faisant de l'Aquitaine une terre d'expérimentation des formules nouvelles de financements et de montage en ce domaine. La participation des HLM et de la Caisse des Dépôts et Consignations a contribué à la réalisation de la station de Carcans-Maubuisson que le Premier Ministre a inaugurée en 1982 en célébrant la première démonstration nationale de tourisme social au niveau global d'une station. L'ouverture des équipements touristi-

ques au plus grand nombre est maintenant une caractéristique aquitaine».

Quelques chiffres donneront la mesure de cette action et montreront comment se sont traduites concrètement ces options fondamentales.

Préalablement à tout aménagement nouveau il a d'abord fallu engager sur la côte un programme général de travaux d'équipement afin de créer les infrastructures de base nécessaires pour le développement touristique tels que routes, adductions d'eau et surtout assainissement (en 1970, seulement deux ou trois communes possédaient une station d'épuration). C'est environ 400 MF qui ont été consacrés à ce programme, la participation de la M.I.A.C.A. s'élevant à 106,5 MF.

Pour l'équipement et l'hébergement, la M.I.A.C.A. a investi 555 MF qui ont permis la réalisation d'un programme d'investissements publics de 1.400 MF et un développement des hébergements privés représentant environ 1.200 MF d'investissement pour 30.000 lits (les opérations principales d'aménagement engagées représentent une capacité de 55.000 lits environ pour 700.000 m² de surface hors œuvre).

«Au niveau social ont été réalisés 9.000 lits supplémentaires en villages de vacances et 78.000 lits en camping. Ainsi en y ajoutant la création de 200.000 lits de développement spontané dans le cadre des extensions naturelles comprises dans les P.O.S., la capacité d'accueil sur le littoral, tout en demeurant strictement contrôlée a pu être portée de 1970 à 1980 à 540.000 lits. Tout ceci dans le respect d'une politique foncière rigoureuse et grâce à la réalisation de documents d'urbanisme (93 POS et 7 SDAU) réglementant le développement de la Région. Voilà comment a pu se réaliser l'ambition de développer le pays dans le respect de son tissu naturel».

L'essentiel des moyens financiers de la M.I.A.C.A. a ainsi été consacré à l'aménagement et en particulier au lancement de sept stations touristiques nouvelles selon les dispositions prévues au Schéma d'Aménagement c'est-à-dire en vue d'une valorisation conjuguée de l'océan, de la forêt et des lacs, sur le principe d'une distribution nette entre les zones urbanisées et les espaces naturels intermédiaires (les neuf Unités Principales d'Aménagement sont vouées à l'accueil des hébergements et équipements majeurs alors que les Secteurs d'Equilibre Naturel sont voués à la pratique intense et vraie de la nature intacte).

Ces sept stations touristiques nouvelles concernent les U.P.A. 2, 3, 4 et 9. Les collectivités locales maîtres d'ouvrages de Zone d'Aménagement Concerté (Z.A.C.) respectent un plan et un réglement d'aménagement dans le cadre d'un bilan financier et d'un échéancier de réalisation des équipements publics. Le suivi des opérations publiques et privées et leur contrôle sur le plan de l'urbanisme et de la qualité architecturale sont assurés par des architectes en chef désignés et rémunérés par la M.I.A.C.A. :

- ZAC de Lacanau (mai 1974) M. Belmont jusqu'en 1979,
  puis M. Macary associé à M. Barrière.
- ZAC d'Hossegor-Capbreton (septembre 1975) M. Aubert.
- ZAC de Port d'Albret (novembre 1977) M. Aubert.
- ZAC de Carcans-Maubuisson (novembre 1978)
  M. Belmont jusqu'en 1979, puis M. Macary associé
  à M. Barrière.
- ZAC de Lège-Claouey (février 1980) Cabinet Opus.
- ZAC de Moliets (juin 1980) M. Rafy.
- ZAC de Hourtin-Port (juin 1980) M. Presente
  jusqu'en 1984, puis M. Barrière.

Ces opérations, dont nous reparlerons plus en détail par la suite, illustrent le principe de la greffe sur les urbanisations existantes traitée le plus souvent sous forme de villages de taille modeste pour la réalisation desquels ont été utilisé au maximum des matériaux locaux, bois et briques en particulier.

Enfin, parallèlement aux opérations d'aménagement touristique la M.I.A.C.A. afin de mettre en œuvre de façon cohérente le Schéma d'Aménagement de la Côte Aquitaine a initié et participé à un certain nombre d'actions dans le domaine de la protection des espaces naturels et de leur ouverture au public (cf. annexe), dans l'organisation de la fréquentation des plages océanes (les programmes «plan plages») et dans la constitution d'un grand réseau régional d'itinéraires cyclables de découverte du littoral.

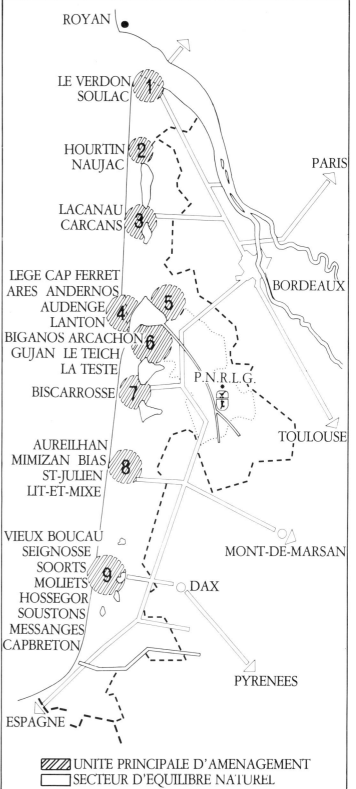

N° 118

1

L'AIRIAL LANDAIS

Jusqu'à un passé relativement récent (moitié XIXᵉ siècle) le plateau landais n'était qu'un pays d'élevage ovin itinérant et d'agriculture de subsistance. Cette communauté agro-pastorale était regroupée en quartiers satellites du bourg (marqué par la présence de l'église) disséminés au milieu de la lande. Chaque quartier était composé d'un ou plusieurs airials, unité économique de base, centré sur une «*pelouse plantée de chênes où sont construites les maisons d'habitation et les annexes*».

Même si l'airial n'a pas complètement disparu en tant qu'élément paysager, sa structure a subi de profondes transformations au cours des différentes mutations de l'économie landaise (forêt, industrie, tourisme).

UNE OASIS
AU MILIEU DE LA LANDE DESERTE

LE QUARTIER SATELLITE DU BOURG

Chaque quartier est situé à proximité de la vallée d'un cours d'eau dans un secteur naturellement bien drainé et constitue un îlot de colonisation au milieu de la lande rase et déserte où le seul indice de la présence humaine est le parc à moutons.

Elément de base du quartier, l'airial est l'expression spatiale de l'économie autarcique de subsistance qui régit la lande jusqu'au XIXᵉ siècle.

La description de sa structure initiale permet aisément de percevoir les mécanismes d'échange que l'homme a établi avec la nature pour subsister dans un milieu aussi hostile.

UNE MYRIADE DE CONSTRUCTIONS

C'est à partir de cette pelouse de dimension variable, mais toujours assez vaste, que gravitent toutes les activités.

L'ensemble des maisons d'habitation y sont construites, qu'il s'agisse de propriétaires, métayers ou brassiers. Autour de celles-ci sont disséminées de nombreuses dépendances, chacune liée à des activités spécifiques. Elles sont implantées de façon aérée, mais selon un ordre plus rigoureux qu'il n'y paraît à première vue : toujours par rapport à la maison, selon la fonction et à une distance proportionnée à la fréquentation.

On y trouve donc :
- puits à balancier avec auge abreuvoir,
- poulailler perché,
- loge à porc,
- four à pain,
- granges, étables, écuries fenils et charreteries en bâtiments distincts ou regroupés,
- bergeries, parcs,
- meules, tas de soutrage, carrés de fumier, bûcher, aire à battre.

Tous ces bâtiments qu'il s'agisse des maisons ou de leurs dépendances sont conçus pour résister aux intempéries et plus particulièrement aux vents d'ouest que rien n'arrête dans leur traversée de la lande rase. De petite taille, ils sont tapis au sol et la façade principale, où sont percées la plupart des ouvertures est orientée à l'est. Ils sont coiffés de toits enveloppants descendant très bas à l'ouest, qu'il s'agisse de la croupe d'un trois eaux ou de l'appentis prolongeant un toit à quatre pentes.

UN ESPACE COLLECTIF OUVERT

L'airial qui accueille en général de une à cinq maisons (et parfois plus) est avant tout considéré comme un espace collectif.

Aucune clôture ne le divise, aucune limite de propriété n'est apparente. Seuls de vagues sentiers dessinés par l'usage réunissent les différents bâtiments. Quelques espaces particuliers sont clos par nécessité pour les protéger des animaux laissés en liberté sur l'airial. On y trouve le troupeau de moutons avant son départ ou à son retour de la lande, les bœufs, libérés du joug, avant de rentrer à l'étable, poules, oies, canards, dindons qui y trouvent une nourriture abondante. Quant aux porcs, nourriture principale des landais, ils y dévorent les précieux glands qui les font engraisser.

Cette vaste pelouse est invariablement plantée de chênes quelquefois rigoureusement alignés et parfois accompagnés par d'autres feuillus tels que les châtaigniers. Dans certains coins du Marensin, le chêne liège remplace le chêne pédonculé. On suppose que cette espèce spontanée dans ce secteur a été conservée à cause de sa rusticité et de son rapport intéressant : liège, bois de menuiserie, bon bois de chauffage et très bon charbon.

Dans le prolongement de l'airial et généralement dans la direction du ruisseau on trouve, le séparant de la lande de parcours, l'ensemble des terres cultivées :
- jardins potagers et bouquetiers essentiellement constitués de plantes médicinales,
- ruches rassemblées dans l'apier,
- vignes (quelques rangs dans le Born ; des parcelles de plusieurs ares en Marensin),
- une pièce de chanvre dans un bas fond (éventuellement),
- les champs céréaliers (seigle, millet, maïs, haricots) limités par des fossés et des levées de terre avec un alignement d'arbres fruitiers,
- postes de chasse (cabane de guet et aires de capture) des oiseaux migrateurs (palombes, alouettes, et canards près des lacs et marais),
- prés d'embouche et de fauche,
- un moulin sur le ruisseau (quelque fois),
- quelques parcelles de pins sur les terrains les mieux drainés, leur nombre étant d'autant plus grand à mesure qu'on s'approche des vieilles dunes.

Cet inventaire des différents constituants de l'airial (ou gravitant autour) permet aisément de percevoir les différents mécanismes d'échange que les landais ont établis avec la nature pour subsister dans un milieu hostile. Cela met en évidence les structures régissant la cellule économique de base qu'est l'airial.

UNE CLAIRIERE DANS LA FORET

L'ENVAHISSEMENT PAR LES PINS

La conquête par les pins des landes de parcours a commencé très tôt dans cette région des landes proche des dunes. La loi de 1857 n'a fait qu'accélérer le processus.

La forêt a donc très vite remplacé les pacages à moutons malgré l'hostilité des bergers (et des propriétaires de troupeaux) qui, pour protester, n'ont pas hésité à brûler d'énormes parcelles.

De larges passages appelés pegueuyes ont toutefois été laissés pour faciliter la circulation des troupeaux entre les parcelles récemment plantées. Ces couloirs leur permettaient d'atteindre des zones de pacage dans les lettes ou les sous-bois plus anciens.

Petit à petit cette activité a néanmoins disparu et l'agriculteur est devenu gemmeur bûcheron, voire transporteur. L'airial cesse alors d'être le centre de toutes les activités. Il reste cependant le lieu de vie, où demeure une activité agricole complémentaire à l'activité de la forêt.

LA SURVIE DE LA CHENAIE

Les chênes de l'airial sont dans la majeure partie des cas gardés car :
- l'élevage de volailles et de porcs, souvent conduit par les femmes et les anciens est maintenu,
- leur rôle climatique est appréciable, en effet, leur ombre plus profonde que celle des pins est très utile en été (souvent torride),
- leur feuillage est moins inflammable que les aiguilles de pins et constitue une certaine protection en cas d'incendie,
- économiquement leur rapport est intéressant (construction, meuble...).

Cependant, dans la partie du Marensin et de la Maremne, très proche de la côte, les chênes de l'airial disparaissent progressivement par manque de place. Dans ces secteurs, la transformation de la lande en «pignadas» s'est faite plus tôt, les maisons se sont multipliées sur les terres les plus riches en alluvions (zone de mobilité de l'Adour) et les cultures (vigne de sable, céréales...) ont envahi le moindre espace.

Il arrive donc qu'il n'y ait plus d'arbres près de la maison.

LES MUTATIONS DANS L'HABITAT

Pour beaucoup de petits propriétaires l'apparition du pin marque le début d'une ère de prospérité. La vente de la résine et du bois leur permet de disposer de liquidités.

Certains d'entre eux abandonnent les vieilles maisons basses souvent en très mauvais état et marquent leur nouveau statut social par la construction d'une grande maison haute : une maison de maître.

L'ancienne devient métairie ou tout simplement remise.

D'autres qui n'habitaient pas sur l'airial viennent s'y installer en «meste» (maître) et font construire leur maison au milieu des métairies.

La pierre des landes (garluche) étant déjà en voie de disparition ces maisons très parallélépipédiques sont à structure porteuse en bois (colombage) et à toit à quatre eaux. Elles se distinguent de celles des métayers par la présence d'un étage, par un remplissage entre coulanes en briquettes en fougère (et non plus du torchis ou du tout venant) ainsi que par un jardin d'agrément (sur la façade principale) entouré par un muret.

Désormais l'essentiel de l'activité et des revenus n'étant plus centrés sur l'airial un nouvel équilibre économique basé sur le rapport de la forêt s'établit. Etant fonction du marché (prix de la résine et du bois) il est très instable pouvant passer de la prospérité à la récession très rapidement.

UN SITE DESERTE PUIS REDECOUVERT
UNE MUTATION ECONOMIQUE

Dès l'entre deux guerres, l'exploitation de la forêt connaît de grandes difficultés qui se répercutent sur la vie des quartiers au profit de celle du bourg :
- l'instabilité du cours de la résine rend fluctuant le niveau de vie des résiniers et aléatoire la vie sur l'airial désormais uniquement tournée vers la forêt,
- les jeunes de retour de la guerre, ne supportent plus le clivage social entre ouvriers et propriétaires, la précarité de leur statut et de leur mode de vie,
- l'installation d'usines de transformation (scierie, charbon, liège...) exerce l'attrait du salaire stable et de l'argent liquide sur les ouvriers agricoles et les petits métayers,

N° 121

N° 122

- le bourg qui autrefois ne se distinguait des quartiers que par l'église et le cimetière développe son rôle de centre de la commune. Grâce au profit des ventes de landes et aux bénéfices d'exploitation de la forêt, on assiste à la création d'équipements collectifs (mairie, église, salle de fêtes, arènes...) qui rendent désormais la vie des quartiers largement tributaire du bourg,
- les ouvriers d'usines ou d'ateliers disposant d'un statut stable ou d'argent liquide permettent le développement du commerce et de l'artisanat.

LA MIGRATION MASSIVE VERS LE BOURG

Une telle inversion des centres d'intérêt économique est fatale à la vie des quartiers :
- les airials se dépeuplent petit à petit, certains sont entièrement abandonnés, ils sont devenus la proie des fougères qui les envahissent. Les terres cultivées sont ensemencées en pins,
- certains petits propriétaires ou ouvriers au bourg continuent à résider sur l'airial en ne maintenant qu'une activité agricole secondaire,
- les bourgs se développent par vagues successives de lotissements qui ne sont que juxtapositions d'unités rigides et disparates.

TOURISME ET RETOUR A LA NATURE

Avec la saturation des stations balnéaires côtières, la hausse des prix des terrains sur la côte et la mode du retour à la nature, la masse des touristes à la recherche d'une résidence secondaire se replie vers l'arrière pays immédiat (derrière les dunes). Cette chasse à la «fermette landaise à restaurer» procure aux quartiers un sursaut de vie bien factice étant donné leur faible fréquentation. Elle se traduit dans l'espace par la fameuse apparition de clôtures (délimitant la propriété privée) qui entravent souvent le fonctionnement des dernières fermes. Ces limites de propriété marquent la fin de la gestion collective de l'airial.

LES NOUVEAUX LOTISSEMENTS

DE NOUVELLES ZONES A URBANISER

Ces dernières années l'établissement de POS pour pratiquement toutes les communes de la côte landaise a permis de déterminer au sein de chacune d'elles essentiellement deux zones constructibles :
- autour des bourgs et dans leur prolongement,
- dans les quartiers.

Ce souci de ne pas léser les propriétaires des quartiers et de ne pas les exclure du développement communal est en soi louable. Cependant la traduction spatiale de ce retour au quartier est loin d'être satisfaisante.

Les terrains moins chers qu'au bourg ont attiré de nombreux couples désireux de construire leur maison individuelle.

Certes certains quartiers, (les plus près du bourg ou dans le périmètre des lacs) ont repris vie mais à la manière d'un lotissement improvisé (puisqu'il s'agit de ventes échelonnées par différents propriétaires).

LA MULTIPLICATION DES CLOTURES

Les barrières marquant le lot de chacun se multiplient. Le style néolandais fleurit sans tenir compte du caractère propre des lieux et des bâtiments anciens. Ce retour au quartier pour lui redonner vie ne conduit finalement qu'à mieux le faire disparaître en tant qu'airial.

QUELQUES QUARTIERS PRESERVES

Plus on s'éloigne des bourgs et du bord des étangs plus on trouve des quartiers qui n'ont pas subi toutes ces mutations et qui gardent encore leurs caractéristiques d'autrefois, du moins spatiales. C'est à ceux-là que sont destinées les recommandations qui vont suivre.

N° 123

VIE ET STRUCTURE DE L'AIRIAL

LA VIE COLLECTIVE DE L'AIRIAL

Grand par sa superficie, l'airial prend encore plus d'ampleur parce qu'il est ouvert et demeure avant tout un espace collectif dépourvu de limites de propriétés. Chacun connaît ou a déterminé (au moins depuis le XIXe siècle) les limites de sa propriété et cela lui suffit, il n'a pas besoin de les matérialiser.

SOLIDARITE ET ENTRAIDE

L'airial n'est jusqu'à la fin du XIXe siècle, que la traduction spatiale d'un mode de vie basé sur la solidarité et l'entraide.

Unies face à leur pauvreté commune, les différentes familles réunies dans le quartier sont, selon une coutume de voisinage très stricte, solidaires les unes des autres.

Tous les habitants se groupent pour effectuer en commun les travaux les plus pénibles (moissons, défrichage de nouvelles parcelles de culture, vendanges, battage...) ou les plus fastidieux (lessive, dépouillage du maïs, filage du chanvre...).

Bon nombre de ces travaux donnent lieu à de véritables petites fêtes (tuaille de cochon, dépouillage...) et engendrent gaïeté et bonne humeur malgré la misère et le travail pénible. Elles resserrent les liens entre les habitants du quartier qui devient une communauté parfois plus forte que la paroisse ou le village lui-même.

UNE VIE COLLECTIVE AUTONOME

Les échanges bourg-quartier sont peu nombreux. Ils se limitent souvent à la messe hebdomadaire et aux foires saisonnières. Seulement plus tard (période de l'entre deux guerres), les écoles et les commerces sont l'occasion de rapprochements plus fréquents.

Ce rythme de vie, indépendant du bourg, fait du quartier, un élément presque autonome. L'airial en est le centre, et remplit les mêmes fonctions que la place du village. Il est le théâtre de toutes les manifestations, des fêtes telles que les noces, les baptêmes...

Symbole d'une vie collective intense, l'airial demeure la propriété de tous et de chacun.

Cette gestion collective lui donne force et caractère. Elle modèle cet espace dont nous ne connaissons aujourd'hui que les vestiges. Elle n'est possible que dans la mesure où la population de l'airial est restée homogène (soucis, activités, objectifs, niveaux de vie similaires).

Dès l'instant où se sont affirmés les clivages entre métayers-propriétaires et ouvriers cet équilibre a été rompu. A l'image de la vie sociale qui le régissait, l'airial s'est la plupart du temps morcelé en perdant tout son caractère et tout son sens.

LA DIVERSITE DU BATI TRADITIONNEL

La majeure partie des anciennes maisons d'habitation se trouve dans les quartiers. La plupart d'entre eux, contrairement aux bourgs, ont été en effet beaucoup moins remodelés.

Labouheyre. Au Monge, Battage au fléau.

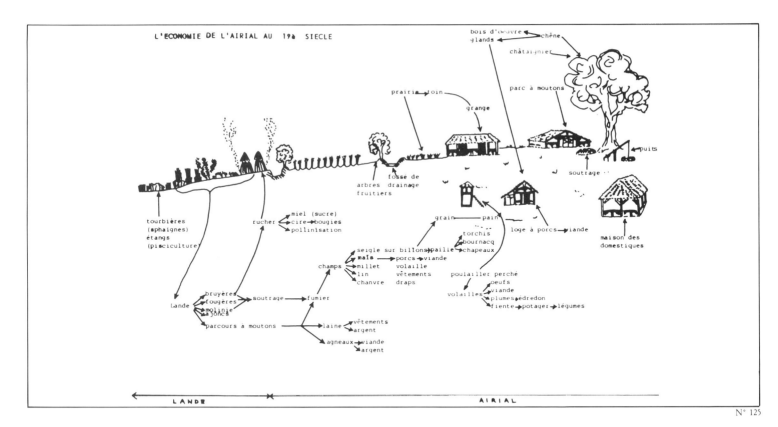

L'ÉCONOMIE DE L'AIRIAL AU 19è SIECLE

bois d'oeuvre ← chêne
glands

châtaignier

prairie foin

grange

parc à moutons

puits

soutrage

fosse de
arbres drainage
fruitiers

tourbières
(sphaignes)
étangs
(pisciculture)

rucher → miel (sucre)
→ cire → bougies
→ pollinisation

grain → pain

torchis
bournacq → chapeaux

loge à porcs → viande

maison des
domestiques

champs → seigle sur billons → paille
→ maïs → porcs → viande
→ millet → volaille
→ lin → vêtements
→ chanvre → draps

poulailler perché

Lande

bruyères
fougères
molinie
jonce

soutrage → fumier

volailles → oeufs
→ viande
→ plumes → édredon
→ fiente → potager → légumes

parcours à moutons → laine → vêtements
→ argent

agneaux → viande
→ argent

LANDE ←→ AIRIAL

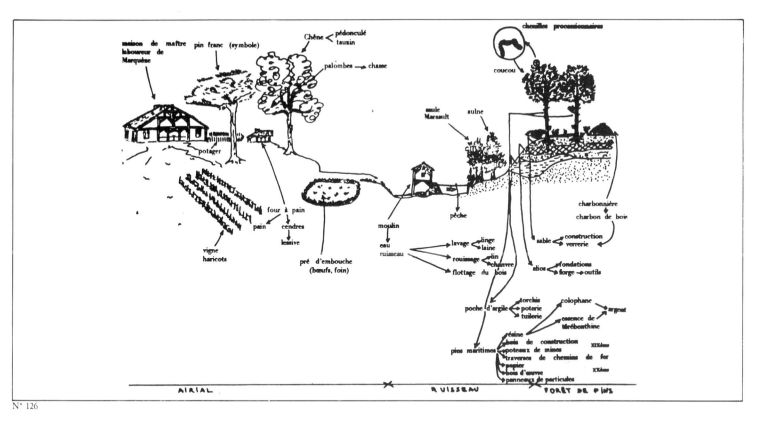

N° 126

PLUSIEURS PETITS PAYS

L'ensemble du département des Landes est constitué d'une mosaïque de petits «pays» qui ont chacun leurs spécificités et en particulier un habitat propre. D'un pays à l'autre le bâti a souvent évolué de façon différente selon les conditions économiques, les ressources locales et l'influence des départements limitrophes. Ceci explique la grande diversité du patrimoine dont nous avons hérité.

Le long du littoral Atlantique se succèdent 4 pays d'ampleur et de caractère différent : Born, Marensin, Maremne et Seignanx.

Le Born est largement influencé par la Gironde qu'il jouxte dans sa partie Nord. Il a adopté pour ses maisons de petits propriétaires et de métayers le même haut volume parallélépipédique couvert d'un toit à quatre eaux.

Par contre Maremne et Marensin, sont davantage tournés vers la Chalosse (dont ils sont la façade) et le Pays Basque. Le volume de base carrée, à pignon frontal à l'Est, couvert d'un toit à trois eaux en est le témoin.

Le Seignanx et la Maremne avec leurs maisons de pierre appartiennent davantage aux pays de l'Adour plus riches et aux maisons plus cossues.

PLUSIEURS CLASSES SOCIALES

Selon le rang social de ses occupants la maison landaise change dans sa volumétrie et est construite avec des matériaux différents.

Ainsi le torchis et les colombages sont souvent réservés aux brassiers et aux métayers, tandis que les briquettes disposées en feuilles de fougères désignent en principe les maisons de maîtres.

Ces dernières sont généralement hautes (1 étage) à toit à quatre pentes alors que celles des brassiers sont basses, collées au sol, et souvent très longues de façon à abriter plusieurs familles (de même pour les maisons d'ouvriers).

DES MATERIAUX DIFFERENTS SELON LES EPOQUES

Faisant entièrement appel aux ressources locales de matériaux, les bâtiments anciens sont largement tributaires des disponibilités du moment. Ainsi l'épuisement de la Garluche (pierre des landes) exploitée pour l'extraction du minerai de fer, a entraîné de profondes modifications dans le mode de construction des maisons du Pays de Born.

Initialement constituées de murs trapus de 50 à 60 cm voire 80 cm d'épaisseur ces maisons ont vu leurs murs s'amincir au fur et à mesure que la pierre se raréfiait et que le bois, devenant abondant, prenait une part de plus en plus importante dans la construction. Alors que le bois finissait par être utilisé pour contribuer à la structure porteuse, la pierre ne l'était plus que comme matériau de remplissage quand elle n'était pas totalement absente et remplacée par du torchis ou des briquettes (les anciennes maisons en pierre était même vendues aux forges manquant de minerai).

LES DEPENDANCES
ET BATIMENTS ANNEXES

C'est dans les quartiers que l'on retrouve le plus grand nombre de constructions témoins du passé (jamais au-delà du XVIIIe siècle, les constructions étant trop précaires pour résister jusqu'à nos jours).

Ce sont bien sûr des maisons d'habitation mais aussi une multitude de petits bâtiments annexes.

Seule la maison du Marensin possède sous l'appentis ouest une étable ou une écurie de façon à soigner les bêtes (bourrage des bœufs) sans sortir. En pays de Born le cellier ou la souillarde sont incorporés à l'habitation quand celle-ci est suffisamment grande. Le grenier est partout utilisé pour le stockage des récoltes.

UNE MYRIADE DE PETITES BARAQUES EN BOIS

L'ensemble des autres bâtiments nécessaires à l'exploitation de la ferme sont répartis sur l'airial, plus ou moins loin de la maison selon leurs fonctions :
- poulailler perché,
- puits,
- loge à porcs,
- four à pain et fournière
- fenil
- bergerie ou parc à moutons
- grande, étables, écuries et charreterie,
- bûchers.

Ces divers petits bâtiments sont généralement construits en bois : structure porteuse et bardage de planches (à clins ou coulisses). Depuis plusieurs années, les bardages sont parfois imprégnés, en guise de protection, de carbonyl qui leur donne une couleur brun foncé. Les bois non protégés et lessivés par la pluie prennent par contre des couleurs gris-argenté.

Certains de ces bâtiments sont pourvus de murets de soubassement de 40 à 80 cm de haut construits en briquettes.

D'autres sont conçus comme les maisons d'habitation, avec une structure à colombage et un remplissage de torchis, de garluche ou de briquettes. Selon la largeur entre les potelets, ces dernières sont placées en fougères, en chevrons ou à plat.

DES VOLUMES DIFFERENTS SELON LES FONCTIONS

Les formes de ces bâtiments sont très variées et sont liées aux fonctions qu'ils remplissent :
- les parcs à moutons, les fours à pain et les porcheries sont généralement collés au sol et pourvus de toits à trois eaux descendant très bas à l'ouest,
- les poulaillers sont perchés sur des pilotis pour récupérer facilement la fiente et protéger les volailles de l'humidité et des renards ou d'autres prédateurs,
- les granges plus hautes et munies d'auvents transversaux ou latéraux permettent de stocker de grandes quantités de fourrage et d'abriter les charrettes et les chariots.

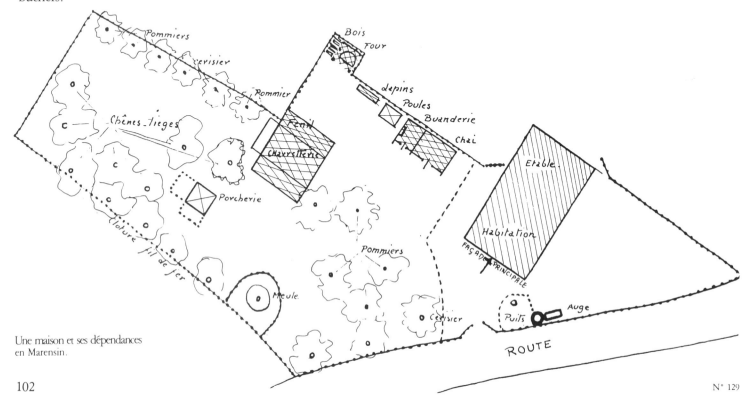

Une maison et ses dépendances en Marensin.

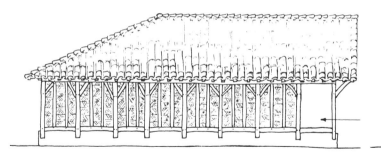

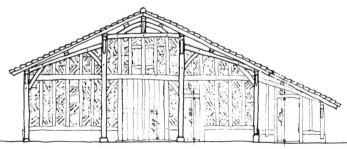

UN FENIL EN MARENSIN

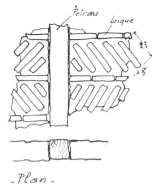

Poteau   brique

-Plan-

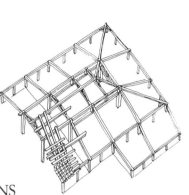

UN PARC A MOUTONS
Coupes et schémas de charpente

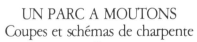

Echelle : 1^{cm}p.1m

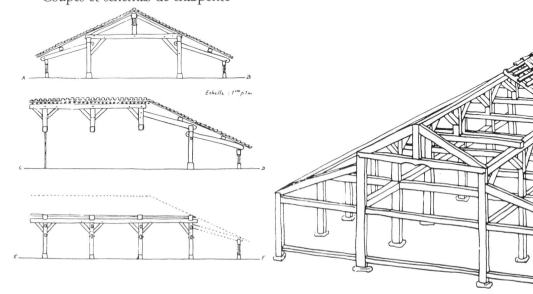

La multiplication de ces petits ou même très petits bâtiments, qui ont tous des formes variées, entraîne sur l'airial une très grande diversité volumétrique et une prédominance du bois, matériau de construction massivement utilisé pour les annexes.

LA MAISON D'HABITATION

Il est difficile de dégager de l'ensemble du bâti de la zone étudiée un type d'habitat caractéristique tant celui-ci est varié selon les époques de construction, les pays, le statut social des occupants et les ressources locales. Nous nous bornerons donc à décrire ici les maisons que l'on rencontre le plus fréquemment. Il ne faut cependant pas perdre de vue qu'il en existe une multitude d'autres qui sont tout aussi intéressantes même si elles sont moins répandues.

LA MAISON A PLAN BASILICAL

Elle est très courante en Marensin et en Maremne, rare dans le Born. Aux alentours de l'Adour, elle est concurrencée par la maison chalossaise, et à l'Est d'une ligne Tartas-Arjuzanx-Commensacq par celle de la Grande Lande.

Comme cette dernière elle est couverte d'un toit à trois eaux dont la croupe descend très bas à l'ouest.

Cependant sa façade est plate et sans auvent. De part et d'autre de la porte d'entrée centrale sont réparties les petites ouvertures qui éclairent la pièce principale et les chambres en bas côté.

La charpente est conçue selon 3 travées dans le sens de la longueur : celle du milieu la plus large est occupée par la pièce commune, les deux autres latérales sont plus étroites et sont réservées aux chambres et à la souillarde ou au chai selon le nombre des habitants et leurs occupations.

La maison est divisée dans le sens de la largeur en deux parties :
- à l'est l'habitation à l'abri des intempéries,
- à l'ouest sous la croupe du toit l'étable abritant généralement des bœufs et plus tard (1850) des mules. Cette pièce communique généralement avec l'habitation par la souillarde et avec les pièces communes par le bourrelet ou l'estoualis ne laissant passer que la tête des animaux lors du «bourrage». Les ouvertures extérieures sont situées sur les murs sud ou de préférence nord pour ne pas avoir à souffrir du vent et de la pluie.

Généralement c'est dans le couloir transversal ouvrant au sud et au nord qu'est aménagé l'escalier conduisant au grenier où sont stockées les récoltes.

LES MAISONS DITES DES ANGLAIS

Certaines d'entre elles, dans la région de Soustons, ont une partie supérieure du pignon, à hauteur du grenier, construite à

UNE METAIRIE EN MARENSIN
Organisation en plan

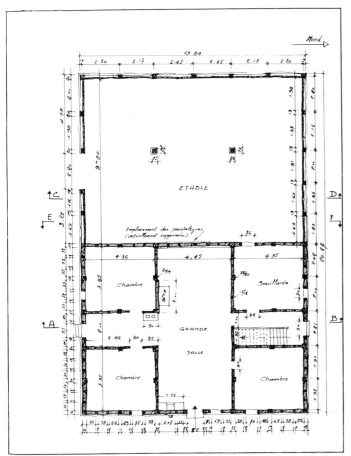

N° 131

UNE METAIRIE EN MARENSIN

FAÇADE EST

FAÇADE OUEST

COUPE TRANSVERSALE

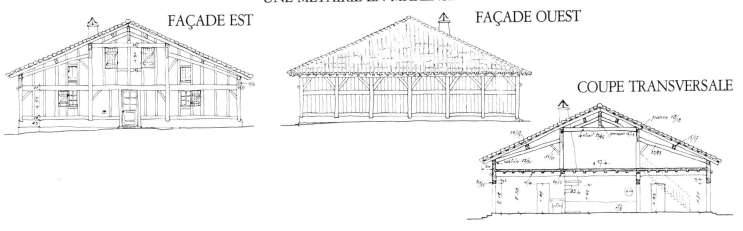

UNE METAIRIE EN MARENSIN

COUPE LONGITUDINALE

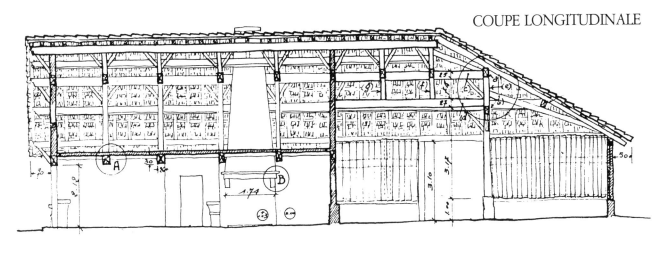

FAÇADE SUD

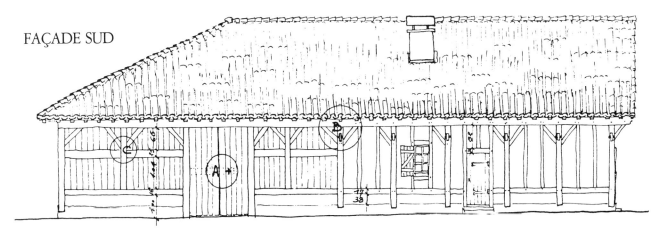

N° 132

105

pan de bois à croisillons. Cet effet décoratif n'est pas sans rappeler la maison Basque.

Appelées maisons des Anglais, sans doute à cause de leur ancienneté, elles datent généralement du XVIIᵉ siècle, mais ne diffèrent pas des autres pour ce qui est de la structure et de l'organisation en plan.

LA MAISON PARALLELEPIPEDIQUE

Très répandues dans le Born et dans le nord du Marensin, elles sont rares en Maremne et communes en Grande Lande où elles sont souvent des maisons de métayers ou de résiniers.

Selon les revenus de celui qui la construit, le rang social de ceux qui l'occupent et le nombre de familles qui y logent, cette maison peut être plus ou moins longue et haute. En général son plan est rectangulaire, la plus grande hauteur étant orientée nord-sud.

La façade orientée à l'est est occupée par la majeure partie des ouvertures.

Elle est couverte d'un toit à quatre eaux dont la pente ouest descend très bas sous forme d'appentis.

Dans la plupart des cas, elle abrite deux familles, occupant deux logements identiques situés respectivement dans les parties sud et nord.

La charpente est divisée en travées d'égale largeur allant d'ouest en est :
- les travées centrales sont occupées par les deux pièces communes dont les cheminées sont adossées,
- les travées extrêmes sont occupées par une chambre ou quelquefois par la souillarde d'où part l'escalier qui conduit au grenier quand il y en a un,
- les chambres sont réparties sous l'appentis ouest (2 ou 3 selon la taille de la maison).

DES MATERIAUX ISSUS DU TERROIR

LA GARLUCHE OU PIERRE DES LANDES

Dans le Born et la partie nord du Marensin les plus anciennes de ces maisons (basses ou hautes, rectangulaires ou de type basilical) sont construites en garluche. Cette pierre, également utilisée pour extraire le fer qu'elle contient, n'a plus été disponible à partir de 1850 comme matériau de construction à cause de sa raréfaction. Les maisons existantes ont même été vendues aux forges pour permettre la poursuite de leurs activités.

Ceci explique le petit nombre de bâtiments encore visible aujourd'hui. Plus on s'éloigne vers le nord est du département (à la limite de la Gironde vers Lugos, Saugnac et Commensacq, plus la pierre était abondante et plus les constructions anciennes sont nombreuses.

Dans la région des lacs, les appareillages de garluche souvent associés à des briquettes ou tuilots sont rarement apparents et ont

MAISONS DES ANGLAIS

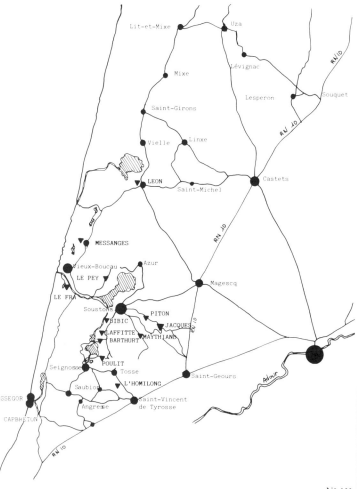

EXEMPLES DE MAISONS DES ANGLAIS

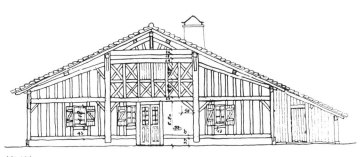

N° 134

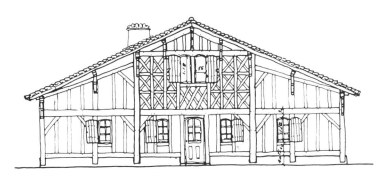

MAISONS
DE BRASSIERS
DANS LE BORN

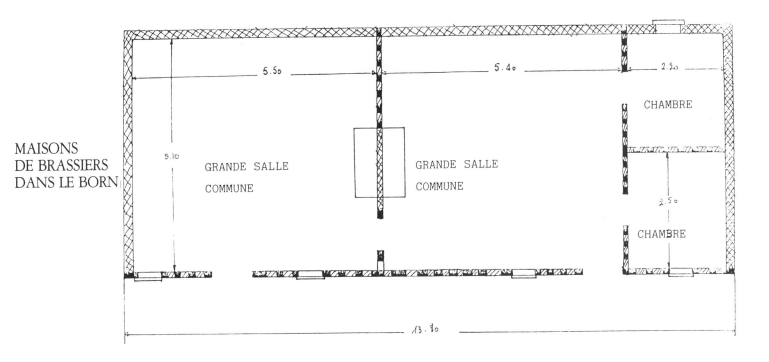

5.50

5.40

2.90

5.10

CHAMBRE

GRANDE SALLE
COMMUNE

GRANDE SALLE
COMMUNE

2.50

CHAMBRE

13.80

FAÇADE EST

N° 135

MAISON DE PETITS PROPRIETAIRES EN PAYS DE BORN

CHAMBRE · CHAMBRE · CHAMBRE 1 · CHAMBRE 2

CHAMBRE · GRANDE SALLE · GRANDE SALLE

SOUILLARDE

PLAN DU REZ-DE-CHAUSSEE

FAÇADE EST

- grande maison haute abritant 2 familles ou plusieurs générations d'une même famille.

- justaposition de 2 appartements

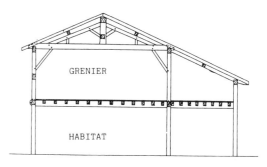

COUPE TRANSVERSALE

GRENIER

HABITAT

MAISON HAUTE DU BORN

Construite en plusieurs étapes (3) cette maison relate la mutation d'un métayer en petit propriétaire à la suite de la plantation de pins.

☐ Noyau initial foyer du métayer

▨ extension en appenti pour acceuillir un brassier

▨ extension latérale, agrandissant le logement du propriétaire et abritant le berger

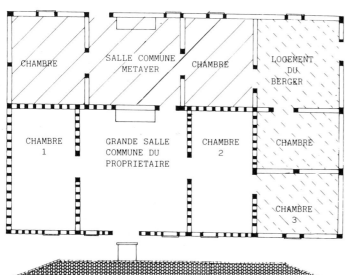

CHAMBRE · SALLE COMMUNE METAYER · CHAMBRE · LOGEMENT DU BERGER

CHAMBRE 1 · GRANDE SALLE COMMUNE DU PROPRIETAIRE · CHAMBRE 2 · CHAMBRE

CHAMBRE 3

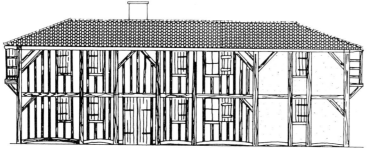

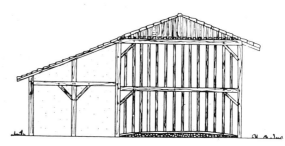

été enduits à la chaux probablement à la fin du XIXᵉ ou au début du XXᵉ siècle. C'est plus rarement le cas en allant vers l'est où la pierre reste souvent apparente produisant un effet décoratif non négligeable.

RAREMENT DE LA PIERRE

Dans la partie Sud en Maremne et en Marensin certaines maisons sont construites en pierre. Mais ceci uniquement près des voies fluviales et notamment de l'ancien lit de l'Adour qui a permis son transport par gabarres depuis des régions riches en ce matériau (Chalosse et Pays de l'Adour).

TORCHIS ET BRIQUETTES

Ceci reste cependant exceptionnel par rapport à l'utilisation massive du torchis et des briquettes.

Selon le matériau de remplissage qui est parfois du tout venant (débris de briques, tuiles, cailloux, alios, argiles) les largeurs entre les poteaux varient ainsi que l'épaisseur du mur.

DES FAÇADES PEINTES AU LAIT DE CHAUX

Les briquettes sont généralement laissées apparentes à cause de l'effet décoratif qu'elles procurent. Dans les autres cas les façades sont généralement peintes au lait de chaux masquant même les bois au contraire de la coutume basque qui les met en évidence.

Ainsi, contrairement à ce que pensent bon nombre de propriétaires estivants, toute la maison était autrefois blanche, la charpente n'apparaissant que lorsque la peinture s'écaillait.

N° 137

N° 138

UNE EVOLUTION HARMONIEUSE DANS UN CADRE TRADITIONNEL

PLUSIEURS SOUS-ESPACES COMPLEMENTAIRES

L'airial est l'unité de base du quartier. Il est généralement installé sur un terrain plat ou en pente très douce à proximité d'un ruisseau qui en assure le drainage. La pelouse plantée de chênes (ou feuillus de remplacement) est le cœur de l'airial. C'est à la périphérie et parfois sous les arbres que sont installées les différentes constructions.

Cet ensemble est encore parfois (quand il y a encore une exploitation agricole en activité) entouré de parcelles cultivées : jardins potagers, vignes, prairies, champs... Le tout est bien entendu enveloppé par la forêt dont le caractère varie avec l'âge des pins.

Dans les zones les plus habitées du Marensin et de Maremne (en général sur le tracé de l'ancien lit de l'Adour) les hommes se sont réunis sur les terres les plus riches en alluvions et offrant de meilleurs rendements. Petit à petit, par manque de place, les chênes de l'airial ont été coupés pour libérer des terres cultivables. Dans certains endroits plus aucun arbre n'entoure les maisons, vignes et maïs les encerclent ne laissant libre qu'un petit sentier pour y accéder. Sacrifiés à des fins économiques, les chênes ne sont plus le point fort de l'airial qui devient alors un simple regroupement de constructions.

• Exploiter les potentialités du terrain

Au sein de l'airial, la pelouse plantée de chênes, les anciens champs, les prairies, les jardins représentent des micro-sites tout à fait différents dont il est primordial de tenir compte pour la détermination du parti architectural du nouveau bâtiment. Selon le lieu d'implantation, le nombre et le degré des contraintes seront différents : influence du bâti ancien, présence de la végétation, orientation... Pour que la construction ne soit pas en rupture avec l'environnement existant, qui est justement à la base du choix d'un tel terrain, il est important d'intégrer un maximum de ces facteurs.

UN ESPACE OUVERT ET COLLECTIF

La zone plantée de chênes quand elle est entretenue apparaît comme une vaste pelouse dégagée, ombragée et fraîche en été, dépourvue de végétation basse et arbustive. Les parcelles appartenant aux différents propriétaires ne sont traditionnellement pas matérialisées et forment un vaste espace collectif. Seuls sont clos par nécessité de tous petits espaces particulièrement fragiles (jardins potagers ou bouquetiers, enclos à brebis...).

L'apparition de clôtures autour des maisons est récente. C'est le résultat de la multiplication des statuts au sein du quartier : nouveaux riches du début du siècle, touristes ou résidents secondaires... qui tous veulent absolument marquer leur propriété.

• Eviter le cloisonnement de l'espace

Moins il y aura de clôtures et de haies à proximité de l'airial, plus grand sera l'espace appréhendé par le regard et plus l'image de la vaste pelouse dégagée s'en trouvera confortée. En ce qui concerne la protection des petits espaces privilégiés (jardins, terrasses...) des prolongements de murs et des masses végétales judicieusement disposées suffisent à assurer l'intimité. En lisière de champs ou de prairies, le développement de certaines haies libres bordant les fossés conforte l'harmonie de ces micro-paysages agricoles.

UN BATI ANCIEN HOMOGENE MAIS VARIE

Quel que soit le «pays», le rang social des occupants, et les matériaux utilisés, toutes ces constructions anciennes (antérieures à 1900) présentent des caractères communs : adaptation au climat, matériaux, volumes.

ADAPTATION AU CLIMAT

La façade principale est toujours tournée à l'est alors qu'à l'ouest les toits descendent très bas, offrant moins de prise aux vents pluvieux et violents venant de l'océan. Les ouvertures sont de petites tailles et principalement situées à l'est.

MATERIAUX LOCAUX

Tous les matériaux utilisés sont issus des ressources locales voire même des biens de celui qui fait construire : bois ou pierre (garluche) pour la structure porteuse, torchis, briquettes ou déchets d'alios pour le remplissage des colombages, tuiles, roseaux ou brande pour la couverture.

VOLUMES SIMPLES ET MASSIFS

Très massives quand il s'agit de garluche (pierre des landes) plus élancées quand elles sont en torchis ou en bois, les constructions sont conçues sur des plans simples (rectangles ou carrés) sans multiplication de décrochements et morcellements excessifs.

Les toits bas et enveloppants sont simples, sans auvents et galeries. Leur pente relativement faible est déterminée par l'utilisation de la tuile canal.

• Le retour a des silhouettes anciennes

En reprenant la silhouette de bâtiments anciens, les constructions modernes ne se fondront que mieux dans un ensemble existant, architecturalement très fort. Souvent les multiples annexes offrent des exemples variés et originaux, bien plus riches que les maisons d'habitation. La reproduction de certains volumes peut se faire à la même échelle comme par exemple pour les granges et les parcs à moutons.

• Exprimer la dimension du groupe

Il est important de remarquer que la multiplication d'un

Labouheyre. Maison de Galebén.   N° 140

111

N° 141

N° 142

N° 143

N° 144

N° 145

N° 146

volume unique nuit à l'équilibre de l'ensemble existant toujours harmonieusement varié. En aucun cas, les volumes ne devront donc être alignés de façon rigoureuse à la manière des lotissements. Ils devront s'associer et se compléter pour retrouver le désordre apparent des bâtiments dispersés sur l'airial. De tailles variées, décrochements et dissymétries faciliteront les accrochages et contribueront à créer cette ambiance propre à l'airial.

• Des toits enveloppant les volumes bas

L'ampleur de la toiture est un caractère important de l'architecture landaise. Des volumes simples, coiffés de toits enveloppants descendant partiellement très bas, auront beaucoup plus d'impact que la juxtaposition d'unités rigides et strictes.

• La réutilisation de matériaux locaux

L'utilisation de matériaux locaux tels que le bois, la terre cuite ou crue, facilite l'intégration même si l'un d'eux n'est pas encore présent sur l'airial. Ainsi par exemple du bois naturel, teinté ou peint, en structure ou en bardage fera assimiler le nouveau bâtiment aux annexes souvent réalisées en bois.

• Mettre en évidence structure et matériaux

Une restauration rigoureuse, fidèle à l'aspect qu'avait autrefois le bâtiment ne convient pas toujours à la réalité de la vie d'aujourd'hui. Il est souvent souhaitable de réinterpréter le bâtiment pour y intégrer de nouveaux paramètres tels que les sanitaires, l'éclairage, et les surfaces plus importantes, la flexibilité des fonctions. Ces modifications fonctionnelles peuvent être prétexte à des réinterprétations plus esthétiques de l'enveloppe :
- mise en évidence de la structure porteuse et des matériaux de remplissage comme les briquettes ou la garluche,
- remplacement des matériaux de remplissage souvent précaires par des matériaux plus sophistiqués et contemporains tels que le verre,
- intégration dans la structure des colombages d'ouvertures aux formes variées permettant de recomposer la façade : triangles, trapèzes, fentes horizontales ou verticales,
- mise en valeur de masses pastel ou sombres par des touches de couleur vive,
- prolongement de certains pans de toiture pour donner plus d'ampleur au volume de base,
- greffe de volumes annexes tels que des serres ou des vérandas.

Les volumes s'associent, se complètent, se juxtaposent.　　　　　N° 147

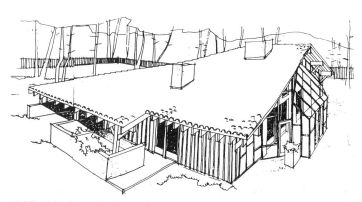

Habiller les volumes de toits enveloppants.

N° 148

2
LES BOURGS

La géographie et l'histoire en tenant la bande littorale de Soulac à Bayonne à l'écart des grands mouvements économiques et culturels ne favoriseront pas son urbanisation.

Eloigné de plus de toutes les grandes villes d'Aquitaine, le littoral atlantique devra finalement attendre le développement touristique de l'après guerre pour que le devenir des bourgs ruraux traditionnels se pose à la faveur d'une nouvelle forme d'urbanisation.

LE BOURG : UN QUARTIER COMME LES AUTRES

Hormis quelques exceptions (bourgs structurés anciens, situés sur le chemin de Saint-Jacques de Compostelle), il y a à peine un petit peu plus d'un siècle, seule la présence de l'église entourée de son cimetière différenciait le bourg des autres quartiers.

Principal centre de rencontre des habitants de la commune, l'église n'est entourée que de quelques maisons disséminées sur un airial similaire à ceux des autres quartiers.

Parfois l'une des maisons sert d'auberge et quelques unes abritent des ateliers d'artisans : maréchal-ferrant, menuisiers, charron...

Un peu à l'écart, une prairie sert, à l'automne et au printemps, de champ de foire.

La plupart de ces communes sont beaucoup trop pauvres pour construire des équipements collectifs tels que mairies, marchés, écoles. Ces différentes fonctions sont généralement assurées dans des locaux mis à disposition par le Maire ou un riche propriétaire de la commune.

LE BOURG : POLE D'ATTRACTION DE LA COMMUNE

Dès 1870-90, le massif forestier qui couvre l'ensemble des communes du littoral est devenu rentable (résine, poteaux de mines). Cet essor économique important rendu possible en grande partie par la création du chemin de fer à travers le «desert landais» se traduit par :
• une augmentation de la population,
• une sortie de l'isolement géographique,
• la création d'usines (scieries et ateliers de résine),
• la formation d'une nouvelle classe sociale : les ouvriers disposant d'un salaire régulier,
• l'agrandissement du domaine bâti privé et public.

Les communes qui se sont petit à petit enrichies par la vente des concessions et l'exploitation des forêts communales, peuvent désormais construire des équipements publics : mairies, écoles, casino, arènes...

Les propriétaires ayant fait fortune depuis le boum économique de 1860-70, viennent désormais habiter au bourg des villas de style balnéaire.

Commerces et artisanats se multiplient puisqu'il y a désormais une clientèle régulière de salariés.

La physionomie des bourgs se trouve ainsi modifiée, mais quelle que soit la population agglomérée, elle reste toujours plus proche du type rural que du type urbain.

LE BOURG : CENTRE DE LA COMMUNE

L'instabilité des prix de la résine, l'intransigeance des gros propriétaires vis-à-vis des résiniers entraînent, dès l'entre deux guerres, une chute de la population et une migration des quartiers vers les bourgs. Résiniers et petits métayers cherchent des emplois salariés et s'installent au bourg.

Le parc immobilier privé s'agrandit et s'améliore petit à petit sous forme de lotissements successifs souvent très hétérogènes.

Le lotissement sera désormais le principe d'urbanisation de toutes ces communes, dont le bourg forme une agglomération plus ou moins lâche, qui gagne progressivement du terrain sur la forêt, rejoignant souvent les quartiers les plus proches.

DES BOURGS A DEVELOPPEMENTS PARTICULIERS

LA ZONE D'INFLUENCE DE BAYONNE

Dès le début du XXe siècle, les villages situés les plus près de Bayonne, Tarnos, Ondres, Labenne, se peuplent d'ouvriers et travailleurs urbains.

Dès les années 60, ils sont en position de dépendance par rapport à Bayonne se transformant progressivement en cités dortoirs.

Héritage d'une implantation individuelle au hasard des ventes de terrains, les maisons sont réparties en semi discontinu le long de la RN10 et des divers chemins ruraux qui s'y greffent. Cet ensemble anarchique se complète petit à petit par des lotissements comblant les vides laissés par les terrains forestiers ou agricoles.

Le passage de la commune rurale à la commune urbaine n'aboutit qu'à une urbanisation désordonnée qui ne peut donner au village une physionomie urbaine ni créer un véritable centre local.

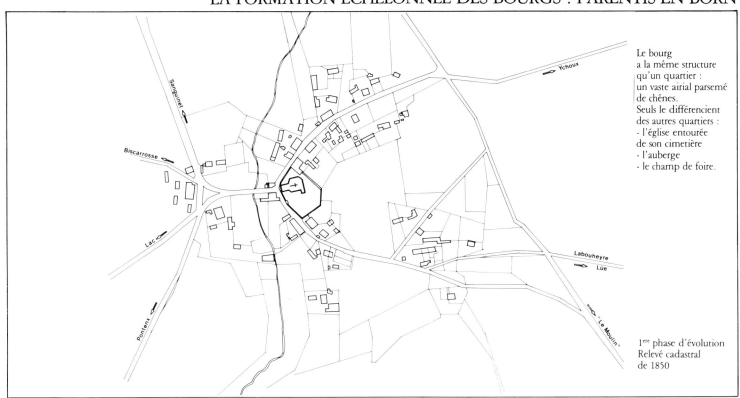

Le bourg
a la même structure
qu'un quartier :
un vaste airial parsemé
de chênes.
Seuls le différencient
des autres quartiers :
- l'église entourée
de son cimetière
- l'auberge
- le champ de foire.

1ère phase d'évolution
Relevé cadastral
de 1850

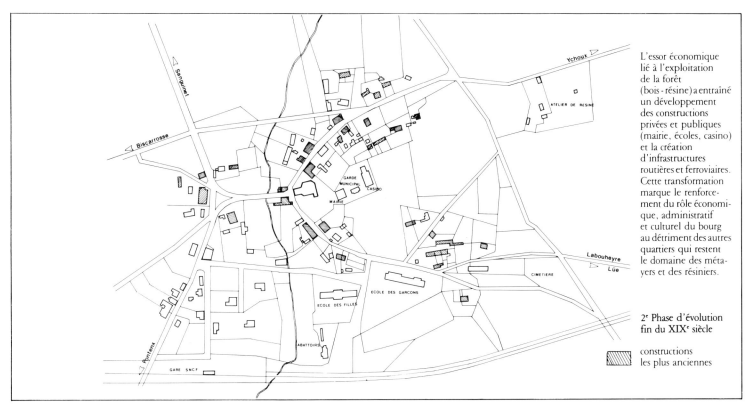

L'essor économique
lié à l'exploitation
de la forêt
(bois - résine) a entraîné
un développement
des constructions
privées et publiques
(mairie, écoles, casino)
et la création
d'infrastructures
routières et ferroviaires.
Cette transformation
marque le renforce-
ment du rôle économi-
que, administratif
et culturel du bourg
au détriment des autres
quartiers qui restent
le domaine des méta-
yers et des résiniers.

2ᵉ Phase d'évolution
fin du XIXᵉ siècle

▨ constructions
les plus anciennes

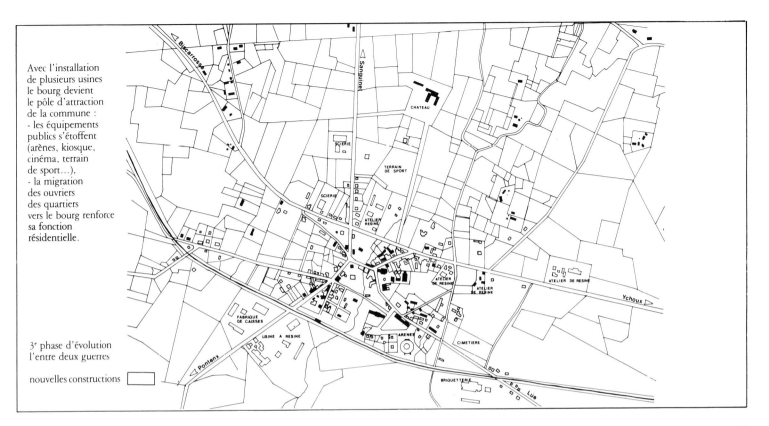

Avec l'installation
de plusieurs usines
le bourg devient
le pôle d'attraction
de la commune :
- les équipements
publics s'étoffent
(arènes, kiosque,
cinéma, terrain
de sport...),
- la migration
des ouvriers
des quartiers
vers le bourg renforce
sa fonction
résidentielle.

3e phase d'évolution
l'entre deux guerres

nouvelles constructions

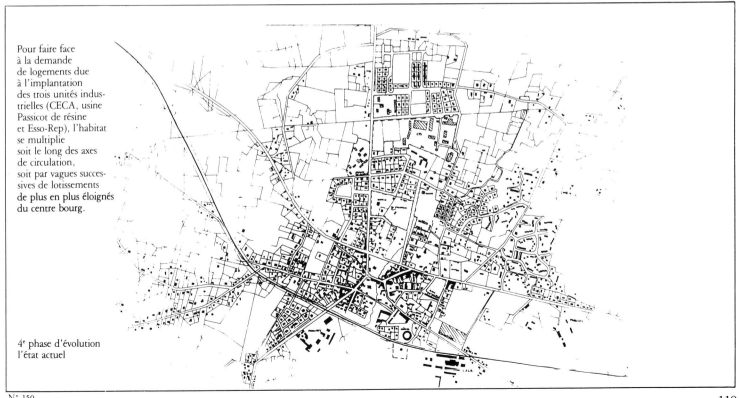

Pour faire face
à la demande
de logements due
à l'implantation
des trois unités indus-
trielles (CECA, usine
Passicot de résine
et Esso-Rep), l'habitat
se multiplie
soit le long des axes
de circulation,
soit par vagues succes-
sives de lotissements
de plus en plus éloignés
du centre bourg.

4e phase d'évolution
l'état actuel

LA TESTE EVOLUTION URBAINE

PORT OSTREICOLE DE LA TESTE

Gujan Mestras

■ la Teste 1868

☐ limites actuelles de l'urbanisation

▨ ZAC les Miquelots

N° 152

L'implantation humaine très ancienne sur la vallée de l'Eyre a donné naissance à la Teste de Buch lieu de résidence des seigneurs (Captalat). Du bourg médiéval doté d'un château il ne reste rien. Port sur le Bassin d'Arcachon, le bourg s'est modifié et s'est développé avec l'arrivée du chemin de fer. Si Arcachon devenue autonome se transforme en ville balnéaire, la Teste de Buch reste un «cœur de terroir» au vaste territoire communal, caractéristique du sud du Bassin : prés-salés, bourg et faubourgs, forêt, dunes (le Pilat) et lac (Cazaux).

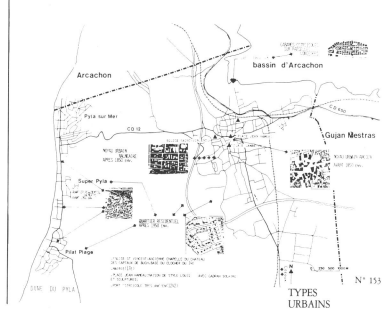

N° 153

TYPES URBAINS

N° 151

N° 154

TISSU URBAIN

Le tissu urbain est représentatif de l'«abondance d'espace» et de l'économie rurale du Bassin d'Arcachon.

L'absence de tradition architecturale unique en fait un ensemble diversifié, de faible densité, au bâti implanté en général en discontinu et présentant le plus souvent des formes simples et des volumes limités au seul rez-de-chaussée. Tous les types architecturaux de la région sont représentés dans le bourg et ses abords immédiats.

LES BOURGS DEMAIN

Les fonctions urbaines dominantes, le type de population, la situation de la commune, la valeur du patrimoine, permettent d'apprécier les tendances d'évolution du site urbain, et d'organiser la cité de demain à partir d'une vision collective.

Cela peut être la «volonté» de confirmer la physionomie traditionnelle de la cité, par un repérage des caractéristiques essentielles pour se donner ensuite les moyens d'assumer la continuité ; ou bien la «volonté» de modifier l'image et le fonctionnement de la cité par la mise en évidence d'une autre logique.

Ce qui menace le plus le paysage urbain c'est l'incohérence des actions ponctuelles qui, non coordonnées, finissent par faire de toute ville une sorte de banlieue à l'américaine : ramassis de constructions disparates par l'échelle, par la typologie et par l'ornementation et par l'implantation.

N° 155

LE PLAN

Le plan de toute ville, bourg, village caractérise le site. Le plan crée la forme en dictant l'implantation des constructions, la nature et la disposition des espaces publics.

Hormis quelques bourgs tracés sur plan orthogonal -soit des cités de fondations romaines, soit des compositions plus récentes de type balnéaire- ils ont en général été structurés par les routes préexistantes, ce qui permet de les classer dans la catégorie des «villages rues».

Les villages-rues se caractérisent par une accumulation de constructions le long des voies de transit et par l'absence d'un développement en réseau lié à des voies intérieures secondaires. Cette ossature sans contraintes apparentes donne l'impression que le bourg peut se développer indéfiniment le long des voies, ce qui suppose aussi le maintien de vastes secteurs cultivés ou boisés entre chaque branche.

Ainsi les structures agricoles se laissent-elles englober, insérer dans le bourg durant sa croissance. Quand on connaît la structure de l'airial, on explique mieux alors que la majeure partie des sites «urbains» du littoral aquitain présentent un aspect très aéré, voire dispersé.

Pour le dessin du plan, seuls les franchissements de dunes viennent perturber les tracés à dominante nord-sud (Bordeaux-Bayonne) et est-ouest (du bourg à l'océan). Les places carrefours présentent une géométrie particulière à chaque commune, ainsi la place centrale de Mimizan se présente comme un vaste carrefour, à Hourtin, un anneau central forme un îlot qui distribue toutes les directions.

Partout une hiérarchie des volumes s'est établie avec un centre plus dense, aux constructions légèrement plus hautes que sur la périphérie.

LES VOLUMES, LEUR IMPLANTATION : UN PAYSAGE VARIE

S'il existe quelques bourgs dont le centre laisse deviner l'existence d'une ancienne fonction politique ou religieuse (La Teste de Buch avec le Captalat, Capbreton par exemple) pour la plupart, les noyaux initiaux correspondent à un quartier ou un airial complété par des lieux de vie collective.

Ainsi la présence de deux ou trois ensembles agricoles, de la mairie, de l'église et de quelques maisons d'habitation suffisent à donner l'image du bourg chef-lieu d'une commune littorale où toute l'activité reste dispersée sur le territoire.

Les traditions d'implantation des bâtiments dans les exploitations agricoles (l'airial dans les Landes, et la Carreyre en Médoc) persistent au cœur du bourg.

Rares sont les constructions en bandes régulières, la semi-continuité réalisée par des associations partielles ou visuelles (proximité) prédomine.

Des plantations de platanes, tilleuls ou marronniers remplacent les chênes d'origine. La notion de place apparaît. C'est un espace de forme variée, un carrefour bordé par des maisons plutôt qu'un espace réellement structuré par le bâti.

N° 157

Cette répartition des volumes en faible densité est cependant quelque peu perturbé par des groupements plus denses formés plus récemment par des maisons de «villes».

Les deux types -le rural et l'urbain- se confrontent donc au cœur des bourgs et procurent des impressions très diverses au-delà même des différences architecturales. La structure dispersée fait percevoir le volume des édifices et permet des vues simultanées de deux faces de la construction. La «maison de ville du bourg dense» ne montre qu'une façade à la fois et on ne saisit jamais son volume dans son entier.

Par ailleurs, si la juxtaposition des édifices se fait à l'alignement des espaces publics, l'implantation des constructions isolées se fait assez souvent en toute indépendance des rues et des places, quitte à s'affranchir des limites entre l'espace public et la propriété privée.

Cette alternance de types d'urbanisme confère une grande variété au paysage des bourgs qui s'ouvre largement sur les jardins, les exploitations et les quelques boisements proches. Ces «fenêtres» sur l'espace naturel rehaussées par les plantations sont toutefois menacées par l'apparition des vastes lotissements périphériques.

L'ARCHITECTURE DES BOURGS

Pour l'architecture rurale traditionnelle qui domine encore au cœur de la plupart des bourgs, la composition sans rigueur apparente de l'habitation peut se traduire en façade par une disposition inégale des baies. Cette liberté dans la position des percements est d'autant plus importante que la construction est ancienne.

En rupture avec les volumes simples des habitations, les bâtiments annexes des exploitations présentent l'architecture de leur fonction : pignons aveugles, larges ouvertures des remises, pas de portail, des toitures dissymétriques, etc.

A l'architecture plus ordonnancée des constructions disposées en continu correspond une succession de travées verticales (les baies se superposent avec une certaine symétrie, leurs largeurs et hauteurs sont identiques).

Par ailleurs plus on s'approche de la côte et plus les villas balnéaires ou «parisiennes» s'insinuent dans ce contexte et apportent une richesse de volumes avec leurs avant-corps à frontons, (le pignon fait office de façade principale...) et le traitement enrichi des éléments annexes comme les balcons et les souches de cheminées.

MATERIAUX

Maçonneries en mœllons enduits, murs à pans de bois, hourdés de mœllons, de briques ou de pisé, restent, même au cœur des bourgs et des petites villes, les matériaux des édifices d'origine rurale. Les constructions annexes sont bien souvent construites en charpente et bardées de bois.

La pierre de taille est utilisée pour l'entourage des baies ou la corniche sous l'égout des toitures. Mais l'utilisation de ces matériaux reste simple. La couverture en tuile canal a pu être remplacée récemment par une couverture en tuile mécanique.

Les maisons en continu, plus récentes, s'inspirent de l'architecture urbaine du XIXe siècle qui s'est largement répandue dans les bourgs. Cela se traduit par des façades assez ouvragées, totalement ou partiellement en pierre essentiellement calcaire.

Quant aux villas du XIXe, elles veulent se présenter comme des joyaux d'architecture ouvragée (appui de fenêtres, entourage des baies, linteaux, cheminées, modénature diverse, etc...). Pour ces «broderies», le bois est le matériau privilégié et à la fin du XIXe siècle, les balcons, vérandas, galeries, débords des toitures rivaliseront d'imagination.

N° 160

125

Le légitime développement des bourgs déterminé par la double satisfaction des besoins économiques et sociaux de la population s'est illustré sur le littoral aquitain tout aussi bien dans une politique de densification que dans une politique de croissance.

Il ne faut cependant pas sous-estimer le poids du phénomène de société qui a imposé l'image idyllique de la maison individuelle sur parcelle privée au détriment de la réutilisation du patrimoine bâti et de la conception d'un habitat groupé.

LA REHABILITATION

La réutilisation du patrimoine bâti existant, ancien ou récent, permet de conserver la physionomie des bourgs.

La sauvegarde du patrimoine et la revitalisation des quartiers anciens se rejoignent pour favoriser la conservation des témoignages architecturaux de qualité et le maintien d'une vie sociale de quartier proche des équipements publics. Il se trouve que les bourgs du littoral aquitain présentent un patrimoine très important, en général issu des XVIIIe et XIXe siècles. Les bâtiments d'exploitation, les maisons de ville, les villas 1900 méritent dans la majorité des cas d'être conservés. La richesse architecturale de la plupart de ces édifices semble en effet exceptionnelle et inégalable eu égard à notre production architecturale quotidienne : la façade de pan de bois, la modénature en pierre des entourages de baies, ou des corniches, le jeu des balcons et charpentes des villas méritent entre autre une attention particulière.

Ce sont les détails, éléments indissociables de la composition, qui confèrent à ces ensembles un charme particulièrement attachant. Mais il faut reconnaître combien ces détails sont fragiles et combien aussi devient fragile l'architecture qui perd ces éléments, marques de son style. Pour la plupart des villas harmonieusement dessinées et des demeures aux façades ordonnancées, la disparition des détails architecturaux rend délicate toute idée de conservation et entraîne inéxorablement le bourg vers une mutation de son paysage architectural.

Restaurer les bourgs, les villages, les quartiers anciens nécessite au préalable de répertorier les types de construction, de faire apparaître les éléments essentiels de la composition des édifices pour mettre en valeur leur originalité. Il importe donc pour la commune de mieux connaître son patrimoine pour inciter ensuite les propriétaires à la conservation et à la réhabilitation des édifices majeurs. Cela signifie également que la commune ait fait des choix en ce qui concerne son évolution urbaine.

L'EVOLUTION DU COEUR DES BOURGS : LA DENSIFICATION

La densification des bourgs, comme c'est le cas pour la plupart des «bourgs océaniques», peut supposer deux attitudes :
- la densification par la démolition de l'existant et son remplace-

N° 162

PLACE MARSAN A BISCARROSSE

ment par des édifices plus importants, en emprise au sol et en hauteur,
- la densification par la saturation progressive des parcelles, le remplissage des «vides», des «dents creuses».

Ces processus de mutation du domaine bâti en remettant en cause le parcellaire traditionnel aboutissent inévitablement à une modification du paysage du bourg.

Certes le deuxième processus, plus progressif, peut être plus facilement régulé et peut, sans trop de difficulté, être en correspondance avec l'essentiel de ce qui fait l'identité du bourg.

Quant au premier, faute des nécessaires études urbaines approfondies et de programmes clairement établis à l'échelle du bourg, il conduit bien souvent à des situations caricaturales : dans un tissu mixte de bâtiments ruraux et de villas, quelques uns de ces édifices ainsi que leur accompagnement de parcs et de jardins disparaissent au profit d'immeubles stéréotypés et d'espaces verts, espaces résiduels sans valeur d'agrément.

Il est pourtant possible de tirer un parti urbanistique de la restructuration d'un quartier. De meilleures ou de nouvelles relations peuvent être trouvées à travers l'opération, un «remaillage» du quartier peut être mis en place, des possibilités de liaison piétonne et de stationnement peuvent être étudiés.

Sur le plan de l'architecture, les opérations de «greffe» dans un tissu urbain doivent conforter le caractère, l'esprit de l'ensemble receveur.

L'exemple de la place Marsan à Biscarrosse est intéressant à ce double titre, car les concepteurs ont su concilier :
- l'aspect relationnel en créant un réseau viaire, complémentaire, nécessaire à la vie de l'opération et du centre ville,
- l'aspect formel en adaptant les éléments d'architecture propre à cette commune tels que auvents, galeries d'étage et rupture de toitures de petits frontons...

Les plantations et le traitement des espaces publics peuvent être utilement associés à ces opérations pour en affirmer l'ambiance :
- utilisation d'essences particulières (tilleuls, marronniers, platanes...) assortiment des traitements de surface, composition des éléments de mobilier urbain.

ARCHITECTURE

La création architecturale dans les bourgs, après que les objectifs généraux aient été clarifiés au niveau communal, se traduit en terme d'insertion.

L'insertion suppose la prise en compte d'un climat général, dont l'architecture est la première responsable, afin d'éviter les incohérences et les disharmonies.

Beaucoup de constructions paraissent totalement indifférentes au milieu dans lequel elles sont venues s'insérer. Petits univers clos sur eux-mêmes au sein d'un espace plus vaste, elles risquent alors d'y faire figure de corps irréductiblement étrangers.

L'analyse du caractère des constructions voisines (continuité, densité, hauteur, volumétrie, couleur) permet de moduler la réponse architecturale à partir de la force des contraintes issues de l'analyse.

On peut distinguer :

L'intégration :

Cela suppose que la nouvelle construction fasse partie intégrante du quartier ancien ou du site où elle vient s'insérer.

Cette attitude ne signifie nullement pastiche ou plagiat, et ne consiste pas à reproduire les signes les plus visibles - ou les plus faciles à recopier - de l'architecture traditionnelle.

• Il y a l'intégration douce : la construction nouvelle ou restaurée est introduite délicatement dans son site en composant volume et couleur en fonction de l'environnement construit. C'est une intégration à la mesure de l'environnement, soumise à certains rapports de voisinage tels que niveaux de corniches, alignements, familles de matériaux identiques, proportion ou rythmes de percements, etc.

Pour réussir, elle ne peut pas trop s'éloigner des traditions locales dans son programme et dans les procédés de construction mis en œuvre.

• Il y a également l'intégration volontaire : cela suppose des analyses fines qui permettent à l'architecture de dépasser l'imitation des thèmes de l'environnement ou le réemploi du vocabulaire architectural traditionnel et de proposer une architecture porteuse de ses propres vérités dont les matériaux et les formes sont issus de la culture, du programme et des techniques d'ajourd'hui. La vigueur bien dosée d'une réponse architecturale contemporaine adaptée aux expressions variées des sites est davantage garante d'une meilleure intégration qu'un timide rappel factice des couleurs, décors et matériaux de l'environnement.

Elle peut également correspondre à l'attitude qui consiste à marquer la parenté des constructions en affirmant la similitude de certains caractères tout en soulignant la modernité des autres aspects.

La rupture volontaire :

Les constructions sont réalisées dans le souci de contraster avec leur environnement, ce qui sous-entend sa prise en compte.

Cette attitude apparaît d'autant plus justifiée que la nouvelle construction revêt un caractère exceptionnel, par son programme ou par sa signification. C'est la logique du monument.

Elle diffère en cela de la volonté de se distinguer à tout prix qui risque de provoquer de douloureuses disharmonies si le projet est banal ou si le nombre des contrastes se multiplie.

Le milieu urbain déjà constitué de types d'édifice variés est cependant ouvert aux expressions architecturales les plus diverses pour peu qu'il y ait insertion. N° 165

L'insertion afin d'éviter les incohérences et les disharmonies. N° 166

De douloureuses disharmonies. N° 167

N° 168

N° 169

N° 170

• On peut enfin avoir recours marginalement à la **dissimulation** d'une construction par le trompe-l'œil des murs peints, l'enfouissement, le camouflage par la végétation ou derrière une façade ancienne conservée, ou la transparence qui peut permettre de laisser voir, au-delà du nouveau bâtiment, des éléments jugés intéressants.

LA CREATION D'EDIFICES PUBLICS

On a noté précédemment l'importance des édifices publics dans l'organisation du bourg traditionnel : l'église, son parvis, la mairie, sa place, l'école, la poste donnent tout leur sens aux espaces publics.

«Ces milliers de mairies, d'écoles, de presbytères, de marchés, de lavoirs, d'abattoirs, de gares qui ponctuent l'ensemble du territoire français, témoignent encore aujourd'hui du soin avec lequel la République «des instituteurs» s'est attachée à créer l'image civique de ses institutions» et à mener avec ferveur cette politique «d'architecture communale» pendant tout le XIXe siècle et une partie du XXe siècle.

«La qualité des édifices publics de nos communes tient au fait que jamais leur apparence ne fut subordonnée à la seule correspondance fonctionnelle d'un programme. La forme de ces bâtiments n'est pas non plus l'interprétation subjective d'un maître-d'œuvre ; elle est d'abord l'expression publique de l'institution. Malgré la modestie de leurs dimensions et l'économie de leur mise en œuvre, ils ne cessent de proclamer la distinction du public et du privé, la prééminence du collectif sur l'individuel, la dignité «monumentale» des principes de l'institution. C'est précisément parce qu'elles sont relativement monumentales que nos mairies et nos écoles villageoises structurent l'espace public et donnent un sens précis aux subtiles différences des architectures domestiques, mais leur monumentalité est économe de rhétorique inutile et leur discours architectural très simple et très ferme sur les principes se tempère d'une bonhomie provinciale qui autorise la familiarité des pratiques». (Bernard Huet - Extrait de l'Echos des CAUE n° 14 - Avril 1980).

On peut regretter avec Bernard Huet que cette politique des bâtiments civils qui avait fait l'admiration du monde pendant plus d'un siècle et qui avait contribué pour beaucoup à «l'image architecturale» de la France en soit réduite aujourd'hui à cet état d'indignité et d'insignifiance pour la grande majorité des édifices publics «mineurs».

Il est clair que le littoral aquitain n'a pas échappé à cette nouvelle situation qui fait que maintenant pour beaucoup *«l'image architecturale du «service public» est liée d'une part à l'indigence formelle, la précarité matérielle et la misère symbolique des bâtisses industrialisées, qui servent indifféremment d'école, de foyer de vieux, d'hôpital ou de gare ; d'autre part, (ce qui n'est guère mieux) à la rhétorique boursouflée, exhibitionniste ou prétentieuse des gesticulations architecturales d'un «artiste» en mal de créativité».* (Bernard Huet - Extrait de l'Echos des CAUE n° 14 - Avril 1980).

Il serait impératif d'y remédier rapidement comme l'ont tenté certaines communes sous l'impulsion de la M.I.A.C.A. si l'on veut que les édifices publics, qui expriment les valeurs conventionnelles de la société, continuent d'être les repères qui polarisent et rythment l'espace urbain.

Il faudrait pour cela s'inspirer de cette réflexion de Paul Valéry *«la véritable tradition dans les grandes choses n'est pas de refaire ce que les autres ont fait, mais de retrouver l'esprit qui a fait ces grandes choses et qui en ferait d'autres en d'autres temps».*

CROISSANCE EXTERNE DES BOURGS : LES LOTISSEMENTS

L'histoire montre des exemples riches d'enseignements en matière de juxtapositions de quartiers différents. Toutefois, les opérations d'autrefois étaient organisées à partir de petites extensions des bourgs, bien souvent au coup par coup et sur le système parcellaire agricole. Plus récemment dès les années 1960, le système du lotissement constitua la forme de développement urbain la plus courante.

L'ampleur de ces lotissements, leur conception d'une géométrie bien souvent indépendante des lignes de force de l'environnement, la répartition quasi uniforme des constructions stéréotypées ont contribué à englober un certain nombre de bourgs dans ce paysage nouveau, banalisé.

Il est certain que la variété du paysage des bourgs traditionnels a pu faire croire qu'il pouvait accepter toutes les formes urbaines. Mais c'était ignorer la mesure donnée par le parcellaire ancien et la manière dont il a été antérieurement occupé.

On a vu que l'aspect discontinu du paysage des bourgs du littoral aquitain est composé d'alternances entre des constructions groupées et des édifices ruraux isolés, le tout structuré par les monuments publics et les places. L'urbanisme des lotissements n'a pas tenu compte de ces rythmes ni du sens donné par le développement d'axes privilégiés, ni de l'idée de «greffe» avec les quartiers existants.

Faute de perspectives et de volontés initiales le lotissement comme partout en France, s'est le plus souvent traduit par une succession régulière, modulée par des contraintes réglementaires, de maisons de style pseudo-régional.

Pour définir l'organisation d'un nouveau quartier, il convient tout d'abord d'effectuer l'analyse de la structure du bourg : la taille des îlots par rapport à l'échelle de la ville, les rythmes donnés par les constructions existantes sur les parcelles de taille définie, le jeu des pleins et des vides, la logique du maillage urbain ou bien ses illogismes, le tracé des axes principaux et la hiérarchie des réseaux, enfin le volume de la cité. Forte de ces données la com-

N° 171

N° 172

131

mune peut susciter un urbanisme de quartiers nouveaux soit d'une typologie proche de celle du bourg ancien, soit par contraste, différente de l'existant.

La justification du tracé du (ou des) lotissement doit cependant s'appuyer sur une étude des relations inter-quartier aux abords du bourg et une bonne analyse du site permettant de donner un «sens» au nouveau quartier par l'utilisation du relief, des perspectives, de la végétation...

Pour éviter la banalisation, il est en effet essentiel, au-delà de tout règlement, de choisir l'esprit, le caractère du lotissement en fonction de sa situation et de la petite unité paysagère concernée : un airial, la forêt de pins, un espace bâti en mutation.

Enfin il est indispensable d'insister sur le fait que la procédure de lotissement induit un éclatement de la conception et entraîne une production d'un espace déterminé par des choix successifs hiérarchisés :
- sur l'opportunité de l'opération,
- sur la forme du lotissement,
- sur l'aspect des constructions.

L'OPPORTUNITE

C'est la décision initiale qui détermine la nature, la situation, la taille de l'opération. Décision politique (au sens étymologique), elle est déterminante et doit être envisagée après une analyse détaillée du contexte urbain.

LA CONCEPTION DU LOTISSEMENT

Phase d'étude essentielle, elle ne peut être appréhendée qu'avec la connaissance parfaite du terrain concerné, et après la mise au point du programme adapté. Plus qu'un découpage parcellaire, elle doit être porteuse de la volonté des concepteurs traduite sur le terrain. Elle est sanctionnée par l'arrêté de lotir.

L'INITIATIVE INDIVIDUELLE

Phase finale et partielle, elle est échelonnée dans le temps (permis de construire) et ponctuelle dans l'espace (échelle de la parcelle). Elle devrait être la continuité de la phase précédente et affirmer, par les constructions, l'esprit insufflé au niveau de la conception du lotissement.

UNE DEMARCHE COHERENTE

En conclusion, seule une démarche cohérente basée sur des choix justifiés à chaque niveau de décision peut garantir l'harmonie de l'espace prochain.

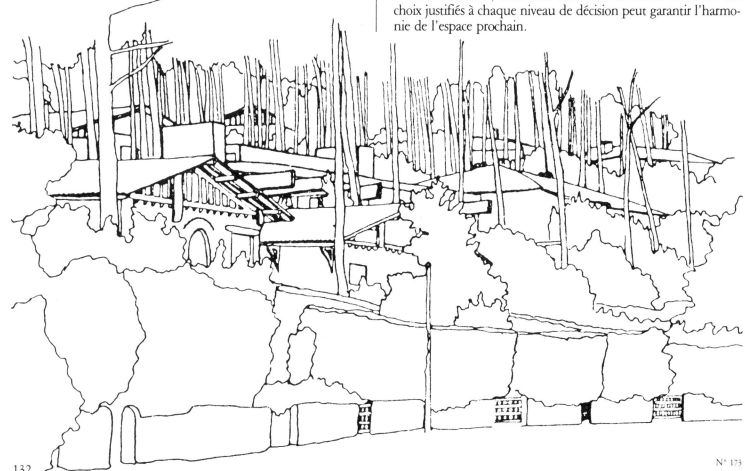

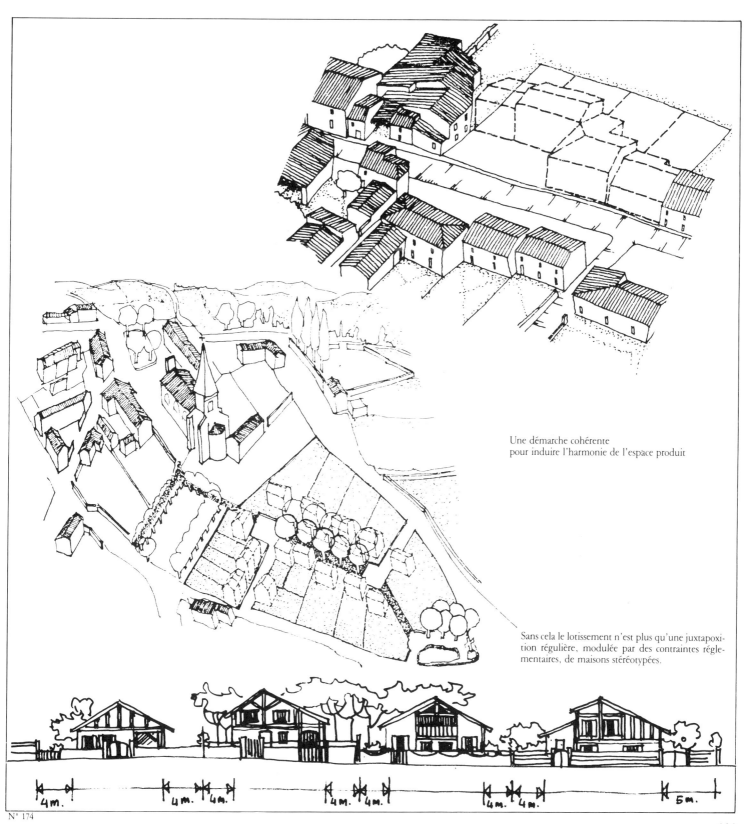

Une démarche cohérente
pour induire l'harmonie de l'espace produit

Sans cela le lotissement n'est plus qu'une juxtaposition régulière, modulée par des contraintes réglementaires, de maisons stéréotypées.

4m.　　4m.　4m.　　　　4m.　4m.　　　4m.　4m.　　　5m.

3

LES STATIONS BALNEAIRES

UN SIECLE DE MUTATION :
LE DEVELOPPEMENT TOURISTIQUE,
PHENOMENE DE SITE

LES GRANDES MUTATIONS

Longtemps délaissée, malgré les efforts d'aménagement forestier au XVIIIe siècle, la côte aquitaine devient en moins d'un siècle l'un des secteurs les plus convoités d'Europe à la faveur d'un cordon dunaire littoral exceptionnel et d'espaces vierges apparemment infinis...

Deux étapes importantes ont imposé cette mutation : l'apparition de la mode des séjours balnéaires au XIXe siècle qui pose le fondement des «stations» ; le développement des congés payés qui ouvre l'ensemble du secteur littoral aux formes de séjour et de loisirs les plus diverses. Ces deux étapes ont chacune contribué à la remise en question totale des traditions locales d'occupation des sites ; remise en question essentiellement architecturale au XIXe siècle avec le développement des villas, remise en question urbanistique aujourd'hui avec le tourisme de masse demandeur d'espace et d'équipements.

Au XIXe siècle, on a construit ou étendu des villes selon un schéma encore traditionnel. Ainsi les villes balnéaires comme Montalivet ou Arcachon, malgré leur système de voies orthogonales restent très soumises au système de l'îlot et à la variation de la densité, hiérarchisée à partir de pôles d'attraction divers : le commerce, la mairie, l'église, la place, etc. Plus récemment, on a cherché à organiser la nature à plus ou moins grande échelle, à créer un paysage équipé pour la résidence et le loisir. Ainsi le village de vacances peut-il se présenter sous forme de constructions savamment dispersées dans le paysage tout en éliminant les références à la rue, la place, ou l'équipement centralisateur. Tout pourrait faire croire que le site naturel n'a pas été urbanisé.

Le développement touristique met en évidence l'étroite dépendance entre l'évolution du mode de vie sociale et la capacité du site à subir les modifications nécessaires à l'accueil... dans les limites du possible ! C'est bien cette «notion» de limite du possible qui progressivement accompagnera la deuxième étape de développement touristique lorsqu'une véritable «partition» de l'espace sera mise en œuvre par l'élaboration du schéma d'aménagement de la côte aquitaine.

En effet l'implantation touristique depuis le XIXe siècle s'est traduite par une attitude véritablement dévoreuse d'espace (l'emprise construite d'Arcachon en 1900, se trouvait 5 fois supérieure à l'emprise du bourg ancien de la Teste). Elle s'est accompagnée aussi de son propre langage architectural, avec à l'origine une démarche quelque peu colonisatrice (marquer la différence, en véhiculant une culture nouvelle), puis ensuite une expression plus proche des besoins du quotidien.

N° 176

N° 177

LE BORD DE MER
DE LA MAISON DE CAMPAGNE
A LA RESIDENCE SAISONNIERE

Sur le littoral, l'architecture de résidence ne correspond pas tout d'abord à un projet spécifique. En effet une mode de la maison de campagne s'était largement répandue au XVIIIe siècle, en particulier au sein de la grande bourgeoisie de Bordeaux. Cependant, la propriété de campagne restait liée à une activité, une exploitation, un domaine. Le loisir, hors la ville, s'épanouissait dans la gestion du domaine. C'est au XIXe siècle que la notion de vacances va s'accompagner de l'oisiveté, du jeu, de la jouissance d'un site, ou bien du séjour de santé (la mer, la montagne, la campagne, le sport, la culture physique, le repos). Parmi les sites idéaux exploités par les promoteurs du second empire, outre la montagne et les stations de cure, le bord de mer connaît un réel succès pour son air vivifiant, les bains et l'attrait d'une nouvelle vie sociale saisonnière.

Arcachon en constitue un parfait exemple sur le littoral aquitain. C'est en bordure de la plage d'Eyrac, au pied des dunes d'Arcachon que la future station prit naissance. Dès 1823, apparurent les premiers hôtels destinés à accueillir les amateurs de bains de mer. A cette époque la liaison avec Bordeaux se faisait encore en char à banc.

Si en 1849 le front de mer était déjà morcelé en une cinquantaine de lots, et à l'intérieur, de vastes domaines s'étendaient sur l'actuelle ville basse, il est clair que c'est la création d'une voie ferrée sous l'impulsion d'E. Pereire et de la Compagnie du Midi, qui lança le véritable développement d'Arcachon. Inaugurée le 6 Juillet 1851, la ligne de chemin de fer «Bordeaux-La Teste» fut prolongée en 1857 jusqu'à Arcachon qui avait été érigée en commune distincte quelques mois plut tôt.

Le Guide Joanne en 1855 décrit ainsi la rapide transformation de la ville : «*chaque saison, un nombre considérable de maisons se construisent des deux côtés de la rue unique dont la longueur dépasse aujourd'hui trois kilomètres*».

On peut également lire dans le journal d'Arcachon du 27 juillet 1856 que «*la traversée d'Arcachon était encombrée sur une longueur de 4 kms, d'une multitude d'omnibus, de voitures publiques et de maître, chargées de monde. Les trains de plaisirs, organisés d'une manière si intelligente par le Chemin de Fer du Midi, obtiennent un succès croissant sans cesse*».

Deux raisons principales expliquent le formidable essor d'Arcachon, une des stations les plus réputées d'Europe à la fin du siècle dernier :
- l'engouement de l'époque pour les bains de mer «*les trains de plaisirs organisés par la Compagnie du Midi le dimanche, amenèrent 16.000 personnes et le nombre total des voyageurs venus à Arcachon atteignit le chiffre de 18.000 personnes*»
(Dejean O. 1867),

La ville d'Arcachon s'est développée en trois étapes : des implantations d'hôtels et de villas en front de mer, une urbanisation dense au pied de dune, puis des lotissements dans les dunes boisées. Ces trois structures sont bien différenciées comme le montre le plan du réseau viaire.

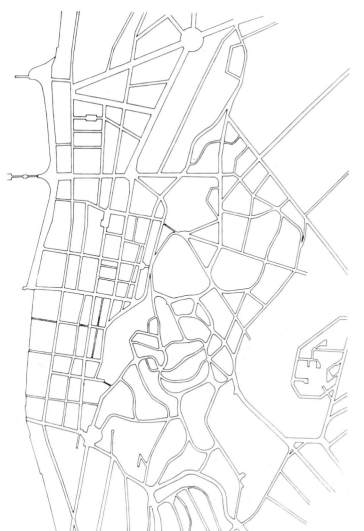

N° 178

Arcachon - Le front de mer en mutation : lieu représentatif de la cité balnéaire, encore riche de silhouettes élégantes au début du siècle, il a accueilli depuis des immeubles en collectif dont les masses sont banalisées par les travées répétitives des logements.

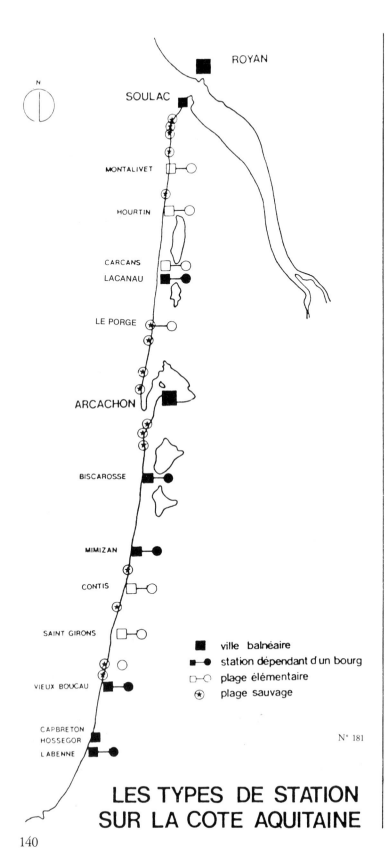

**LES TYPES DE STATION
SUR LA COTE AQUITAINE**

- les mérites du climat de la station, de la qualité de ses eaux, des bienfaits de sa forêt de pins furent largement vantés par les médecins pour le traitement des maladies pulmonaires.

La Compagnie du Midi et sa filiale, la Société Immobilière d'Arcachon réalisèrent par ailleurs des investissements financiers importants pour des opérations immobilières qu'elles s'employèrent à rentabiliser : création de la Ville d'Hiver (lotissement traité sous forme de parc urbain), construction du Casino et du Grand Hôtel (1867).

Un des facteurs du succès d'Arcachon fut également son fonctionnement permanent : jusqu'au lendemain de la première guerre mondiale, les cures en ville d'hiver et les séjours d'été dans les villas et hôtels proches du rivage se succédèrent.

De l'est vers l'ouest, Arcachon offre des paysages urbains variés : la ville basse en damier, dominée au sud par la ville forestière ; au-delà de la Chapelle, le lotissement du parc Pereire ; alternance de grandes villas et d'hôtels sur le front de mer ; la plage principale, urbaine, est maintenue par des épis entre la jetée d'Eyrac et la jetée Thiers.

La crise économique des années 30, puis la seconde guerre mondiale ont fortement ralenti le développement de la station principale. La rénovation des quartiers anciens entamée à une époque récente (après 1950) sous la pression d'une forte demande a redonné un souffle nouveau à la ville basse. La densification du tissu urbain à l'est, la mutation du front de mer, le lotissement du parc Pereire, constituent autant d'étapes de ce renouveau, limité à terme par l'exiguïté du territoire communal (785 ha - alors que La Teste en couvre 19.886 et Gujan-Mestras, 5.400).

«TYPOLOGIE» DES STATIONS BALNEAIRES D'AQUITAINE

Hormis Soulac et Capbreton anciennement implantées sur la côte et Arcachon dont le particularisme est étroitement lié à la proximité de Bordeaux, les stations balnéaires, ces villes nouvelles du bord de mer sont le plus souvent en Aquitaine de simples projections, à l'ouest du massif dunaire, des bourgs anciens de l'intérieur. Ce dédoublement des noyaux communaux primitifs se traduit par la dépendance des antennes balnéaires vis-à-vis des bourgs qui les ont fait naître puisque ces derniers ont conservé l'essentiel des fonctions administratives et commerciales. Ces petites stations présentent d'autres similitudes :
- elles ont été créées à la fin du siècle dernier par les notables des bourgs, grands propriétaires forestiers pour la plupart ;
- elles se sont implantées soit simplement au point d'aboutissement sur la mer de la voie ferrée ou de la route venant du bourg (surtout le Médoc des étangs avec par exemple la voie ferrée Bordeaux-Lacanau qui a été prolongée jusqu'à l'océan en 1884), soit à l'embouchure des courants côtiers landais (Mimizan, Contis, Vieux-Boucau…) ;

- elles s'étalent dans la lette pré-littorale selon un plan en damier avec une voirie et des équipements à l'aspect inachevé et avec un maillage parcellaire d'autant plus large que l'on s'éloigne de l'océan. Chalets et villas sont construits en discontinu excepté dans la rue principale (extrêmité de l'axe bourg intérieur - océan) où l'attrait commercial a progressivement conduit à remplir les vides et à resserrer le parcellaire ;
- elles accueillent une architecture nouvelle dans des sites «hostiles».

L'implantation humaine en front de mer assume en effet dès le XIXᵉ siècle ses contradictions : contradictions vis-à-vis du site naturel (chapitre Le massif dunaire littoral) où toute implantation sur les massifs dunaires actifs directement exposés aux éléments constitue, un véritable défi ; contradictions vis-à-vis des données climatiques lorsque l'architecture nouvelle fonde ses fonctions et sa plastique sur la création de larges ouvertures vitrées, de coursives et de balcons en bois, parfois même dans des immeubles de grande hauteur ; contradictions enfin, dans l'emploi de matériaux sensibles aux intempéries.

Ce défi au site et au paysage a cependant été tenté et accepté parce qu'il permettait à un mode de vie, en rupture avec la tradition, basé sur le plaisir et la détente, de s'exprimer dans des créations originales et innovantes.

LA MUTATION ARCHITECTURALE : DES CHALETS SUR LE LITTORAL AQUITAIN

La transformation du paysage s'est donc effectuée à la mesure de la transformation du produit architectural. Lors des premières grandes implantations balnéaires, parallèlement à l'architecture de pierre au style néoclassique représentant la demeure au plein sens du terme, s'élabore un nouveau modèle à partir d'une architecture de galeries et de balcons. Le thème de la coursive abritée par un large toit débordant favorise l'essor du «chalet» à un ou deux niveaux, construit sur un soubassement ou même sur des pilotis et au milieu de parcelles de taille moyenne. Les modèles économiques sont à pans de bois et remplissage de briques et sont recouverts de tuiles mécaniques (par exemple les premières «villas» de location de la Ville d'Hiver d'Arcachon).

L'architecture des «chalets», des premières maisons de plaisance ne manque pas d'originalité : c'est une architecture compacte et fonctionnelle. Elle se différencie en cela nettement de l'architecture paysanne traditionnelle, voire même de celle des résidences bourgeoises du XVIIIᵉ siècle, où la multiplicité des bâtiments permettait d'attribuer à chacun d'entre eux une affectation propre.

Le chalet balnéaire -comme le chalet montagnard-, regroupe toutes les activités sous un même toit : au demi sous-sol, les réserves, chaufferie, caves ; au rez-de-chaussée supérieur, lieu isolé du sol naturel, l'entrée encore monumentale, le salon, le séjour, la

N° 182

N° 183

141

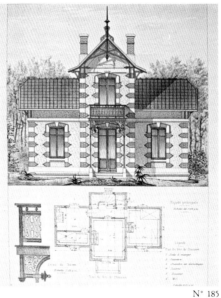

N° 184 N° 185 N° 186

Les villas parisiennes, durant la deuxième moitié du XIXᵉ siècle, ont investi l'ensemble de la France à la faveur des images répandues par les catalogues de «maisons à bon marché». Sur le littoral, elles furent progressivement enrichi d'un décor à la mesure des sites balnéaires.

N° 187

cuisine, etc. ; à l'étage les chambres et au dernier niveau, le logement du personnel. Les dépendances extérieures étaient alors rares, étant donné l'étroitesse des parcelles et surtout le mode de commande architecturale limité à l'unique édifice. Cette disposition compacte fut à l'origine de compositions architecturales variées mais toujours affinées d'avant-corps, de tourelles ou de miradors et accompagnées de décors plus ou moins riches : garde-corps des balcons, jambes de force des charpentes apparentes. Sans oublier le thème central, désormais balnéaire, de la véranda traitée en péristyle ou en loggia frontale et de ses dérivés, les galeries et balcons.

Ce mouvement allait toutefois être rapidement fécondé par l'expansion de pratiques qui se développaient dans les banlieues des villes, et en particulier en région parisienne où la villa s'imposait comme l'image de la résidence individuelle principale.

DES VILLAS PARISIENNES
AUX VILLAS BALNEAIRES

Le thème de l'édifice compact, composé, ouvragé, prenait toute son ampleur avec les villas créées après 1870, à la mode des villas parisiennes, ou plutôt des modèles exploités et développés par des architectes et des entrepreneurs sur l'ensemble de la France (il existait des catalogues de villas en projet ou réalisées). Le foisonnement des variantes, des adaptations à partir des modèles « sur mesure » favorisa une émulation, source de formes savantes. Le mode de base était fondé sur le volume unique construit en maçonnerie à chaînage de briques, ou de briques et de pierres, recouvert de toitures à forte pente, aux larges débords et en tuiles mécaniques. Tout un vocabulaire de balcons, de galeries, de bows-windows, de miradors, de porches et vérandas, d'escaliers extérieurs venait ensuite l'agrémenter.

Bien souvent, comme pour le chalet, le pignon se présentait en façade principale, soit que l'édifice fut construit en profondeur sur la parcelle, soit qu'implanté parallèlement à la voie, l'effet de pignon soit exprimé par un avant-corps central ou dissymétrique. Cette disposition permettait une ouverture entre la voie et la construction. C'était une architecture d'espace naturel, ou de volumes isolés dans un jardin.

Le hasard voulut que cette conception architecturale, bien qu'élaborée indépendamment de toutes références locales, s'apparente aux constructions rurales traditionnelles des landes ou du Pays Basque. La période de création de ces grandes villas dites « Parisiennes » est pourtant à distinguer de celle qui lui succéda : le régionalisme du début du XXe siècle.

DES VILLES NOUVELLES POUR LA VILLA

La villa telle que nous l'avons décrite plus haut exigeait donc une implantation particulière : être isolée, sur une parcelle de petite taille. Les ensembles balnéaires, quartiers ou villes constitués de ces villas ont ainsi offert un paysage nouveau, différent de celui du front bâti continu ou semi-continu des rues des bourgs ou des hameaux ruraux. L'espace généralement boisé de sa végétation originelle, était parcouru par une voirie, parfois sommaire, rythmée par les clôtures des villas régulièrement implantées que l'on devinait en transparence. Lorsqu'en milieu urbain dense, l'on s'écartait de ce schéma et l'on reprenait le traitement ordinaire des rues de ville, l'alternance de villas juxtaposées de tailles différentes avec leurs auvents ou leurs corps avancés composait toutefois des paysages différents, pittoresques et très colorés (Arcachon, Soulac, Montalivet... illustrent ces différentes compositions balnéaires).

L'ARCHITECTURE BALNEAIRE

EXHUBERANCE ET ORDRE

L'architecture balnéaire s'est développée à partir d'une image de la maison idéalisée dans sa relation avec la nature, dans son usage d'objet de séjour. Les monuments ont été les premiers à s'implanter dans les sites balnéaires et à donner le «ton» : grands hôtels, casinos, établissements de bain, mobilier de plage. Ce furent eux les premiers à représenter, sur le rivage face à l'océan, une architecture de silhouette, ouvragée, riche, festive. Très tôt une certaine exhubérance architecturale accompagne les opérations bien souvent audacieuses dans leur programme innovateur.

Ces créations originales de la «Belle Epoque» réunissent dans une habile mise en scène les édifices de la richesse et les lieux de prestige. Leur architecture éclectique qui rivalise de détails sophistiqués parfois ostentatoires reste cependant toujours attentive à servir leur fonction essentielle : le plaisir et la détente. L'élaboration rapide -moins de 50 ans- de ces types architecturaux s'est faite toutefois dans un certain ordre pour établir un rapport étroit avec le site : l'ordre du maillage urbain, réglé à partir des perpendiculaires et des parallèles au rivage. L'ordre régit la ville dans son rapport avec le rivage, objet de l'implantation balnéaire. Il régit aussi le quartier et la parcelle : implantation à l'alignement ou en retrait suivant une hiérarchie propre aux fonctions : riches villas de front de mer en retrait, maisons d'habitation permanente à l'alignement sur la voie ou en léger retrait avec galerie.

LA CREATION D'UN PAYSAGE

On est saisi de l'imaginaire collectif déployé dans les sites balnéaires. Bien souvent à partir de thèmes significatifs : casino Mauresque, pavillon Chinois, villas aux noms évocateurs divers, s'organisent des espaces créateurs de paysages particuliers. Le relief des dunes facilite la création de cet univers à la fois individualisant et collectif où règne le sentiment d'une liberté globale propice aux plaisirs.

LE VOLUME, LA SILHOUETTE

La caractéristique principale de l'architecture balnéaire est de se présenter comme une architecture de «volume». Les constructions montrent quatre façades, dont la vue oblique semble privilégiée au point de susciter des compositions volumétriques complexes, avec tourelles d'escalier sur l'angle, ou corps avancé avec façade principale en pignon. La silhouette présente une valeur particulière, nouvelle en matière d'architecture domestique. La toiture coiffe le volume et accentue les effets sculpturaux par les débords, les couvertures de tourelles, les grandes charpentes apparentes, les tuiles faitières en «dentelle», les épis et souches de cheminée. Les fortes pentes, la complexité des toitures, les éléments en porte à faux, balcons, bows-windows donnent une ampleur aux masses relativement cubiques des villas.

N° 188

N° 189

N° 190

N° 191

145

L'ensemble semble présenter une telle dynamique des masses et des formes que la composition apparaît totale et que l'amputation de l'un des éléments serait susceptible d'en rompre l'harmonie.

LA COMPOSITION

A l'origine, la composition des villas (1860 à 1870 environ) était celle d'un parallélépipède en bois, sur pilotis, couvert d'une toiture à deux pentes et entouré d'une galerie ou d'une véranda. Tout était symétrique. Seul le décor s'ajoutait à cette simplicité. De 1870 à 1900 progressivement la maçonnerie apparaît et se structure à partir d'un soubassement, parfois traité en bossage. C'est un type de composition savamment mesuré entre le « dur » (la maçonnerie) et le « léger » (le bois).

Les chaînages des angles en brique, en pierre, ou en briques et pierres alternées, les entourages des baies, les bandeaux donnent alors une valeur constructive à l'édifice. Le bois se déploie, dans les galeries, les vérandas, les escaliers couverts et surtout les charpentes apparentes des pignons. Ainsi malgré des plans de villas très typés, la composition des façades reste une manière d'individualiser la construction.

Enfin progressivement la composition des villas appuiera les lignes verticales par la multiplication des éléments assemblés : avant corps, tourelles, toitures en fronton orientées sur la façade principale, travées verticales.

LES MATERIAUX

A l'origine les premières villas balnéaires étaient construites en bois, comme les cabines de bain et les chalets. En raison du savoir-faire des constructeurs landais, il est naturel que l'architecture de bois, dont les bois découpés, se soit développée très rapidement.

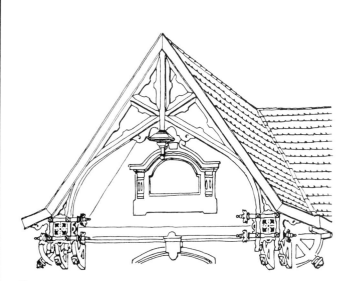

Charpentes apparentes.

Alternance de matériaux brique, pierre, bois, tuiles.

Charpentes apparentes avec remplissage en bois découpé.

Insertion
de bois
découpé

Garde corps d'escalier
en bois découpé.

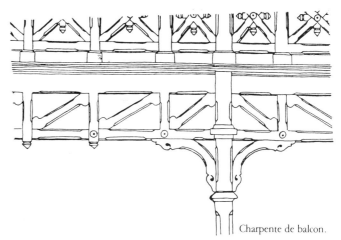

Charpente de balcon.

Assemblage de charpente.

Planche et bois découpés en frise de pignon.

Toiture en porte-à-faux avec jambes de force.

Ensuite la pierre et la brique constituèrent le gros œuvre, le remplissage en petit appareillage étant recouvert d'un enduit. La pierre de taille fut l'occasion du développement progressif d'une modénature et de sculptures au point d'aboutir à des villas riches de détails, dont certains de style néogothique. Les couvertures étaient exécutées en tuile mécanique dite de «Marseille». Leurs fortes pentes contrastaient avec les pentes des couvertures de tuiles canales traditionnelles dans la région.

Les balcons étaient le plus généralement en bois. Les escaliers externes en pierre de taille pouvaient être entièrement recouverts de hautes galeries en bois supportées par des poteaux. Les charpentes extérieures étaient exécutées avec de larges jambes de force qui supportaient les portes à faux. Les bois de charpentes présentaient bien souvent des bois courbés. Les pignons et les gardes corps des balcons étaient complétés de planches en bois découpé destinées à décorer l'ensemble.

Cette présence et ce travail du bois est un élément très caractéristique du balnéaire en Aquitaine.

LES DETAILS ARCHITECTURAUX

Détails de pierre, détails de bois, les édifices ouvragés développaient des thèmes de décors propres à leur identité. Ces décors quelque peu théâtraux, offraient l'impression de styles mozarabe, hispanique, chinois, vénitien, etc. Les villas portaient alors le nom suggestif adapté, Séville, Tolède, etc.

Moins factices étaient les constructions toutes en pierre de style néo-gothique et néo-Renaissance dont les détails reprenaient en les stylisant les fenêtres à meneaux en pierre, les contreforts, les longs bandeaux obliques, les couronnements importants des cheminées, etc.

Le décor des villas «parisiennes» en particulier se reportait essentiellement sur les terres-cuites, les cartouches, les bandeaux en émail, le décor des toitures et les bow-windows en bois ornés de vitraux à verre peint.

LES JARDINS

Initialement les villas, en ce qui concerne les sites forestiers, étaient implantées au milieu des boisements sans modification de la végétation de pins, de chênes et d'arbousiers. Mais progressivement la simplicité des sites forestiers a fait place aux jardins d'agréments avec l'apport de plantes exotiques. Bien souvent, les villas avaient été implantées soit dans les landes, soit dans les dunes parmi un ensemble de pins dont la cime se trouvait au niveau des toitures, et dont les troncs nus étaient suffisamment espacés pour dégager de larges perspectives au droit des baies des façades.

N° 195

FUIR LA BANALISATION

RESTAURER
MODIFIER LES VILLAS ANCIENNES

La qualité de l'architecture des villas suppose une attention toute particulière avant chaque intervention. En effet pour la plupart d'entre elles, le jeu des volumes, la composition des façades, la précision des détails nécessitent une bonne connaissance des édifices, et un savoir-faire particulier. Villas parisiennes, villas aux styles néogothiques, décors mauresques, cottages anglais sont une affaire de «styles». Toute modification suppose une certaine rigueur pour rester fidèle à la conception architecturale originelle. Les réparations ou les tâches d'entretien tiennent parfois de la «restauration» au même titre que pour un monument. La pierre, la brique, le bois, les enduits, les ferronneries peuvent nécessiter des recherches particulières pour retrouver des matériaux identiques et leurs techniques de mise en œuvre. De même la sculpture, la modénature des entourages des baies parfois structurées par travées, la réparation ou la restructuration d'un balcon, la restitution d'épis de toitures, de frises de bois, etc. supposent des connaissances techniques approfondies.

PAR RAPPORT A LA SILHOUETTE ET A LA VOLUMETRIE

Les villas, compositions sculpturales pour la plupart d'entre elles, soit en plan symétrique, soit sur volumes composés complexes peuvent poser de multiples problèmes d'équilibre des masses en cas d'adjonction ou de suppressions. Les modifications apportées à la fin du XIXe siècle ou au début du XXe siècle ont porté uniquement sur l'aménagement de galeries complémentaires, la création de bow-windows en placards. C'est pourquoi tout projet de modification banale, comme la création d'un appentis ou d'un garage en adjonction, peut poser problème et nécessite une étude architecturale sérieuse. De même l'équilibre des toitures ne permet guère pour certaines villas la modification des combles.

CHARPENTES

Les charpentes sont les pièces les plus fragiles des villas, l'humidité endommage les bois dans les parties encastrées. Des mesures préventives doivent éviter la destruction des charpentes et leur démolition à terme. Beaucoup de villas perdent leurs balcons en bois en raison du manque d'entretien des charpentes. La restauration des pièces de charpentes exige un savoir-faire particulier pour exécuter les moulures, reconstituer les bois découpés suivant les modèles originaux et respecter la nature des bois courbes.

TOITURES

Les toitures à forte pente couronnent élégamment les villas, petites ou grandes. L'importance des toitures et leur aspect réhaussé est magnifié par les éléments décoratifs tels que faîtage en dentelle, épis, détails de rives ornementées, et la texture particulièrement riche qu'apporte la tuile mécanique rouge. Beaucoup de ces éléments sont maintenant difficiles à trouver tels les épis et les

Les éléments de la villa sont fragiles et nécessitent un entretien constant : balcons, gardes-corps en bois découpé, épis de toiture. Leur restauration ou leur reconstitution est délicate.

faîtages en terre cuite, et pourtant leur rôle pour la finition des silhouettes est essentiel.

LA COULEUR

En dehors des peintures qui rehaussaient le caractère des villas (les charpentes étaient peintes, les teintes pastels appliquées sur les balcons et les bois découpés amplifiaient l'aspect aérien des ouvrages), les matériaux bruts leur donnaient une tonalité chaude et variée : mélange de pierres aux tons clairs et de briques rouges, enduits colorés, tuiles aux teintes soutenues. Cette distinction entre l'ouvrage peint et la maçonnerie de masse doit être respectée.

Il est préférable de ne pas peindre la pierre, d'abord parce que ces applications irréversibles favorisent les maladies de la pierre et puis parce qu'elles annulent le contraste entre l'expression du décor de bois et de l'assise de pierre. Inversement le bois ne doit pas rester naturel ni être verni.

Une grande part d'invention, source d'animation, est donnée par la couleur. Toute l'harmonie se constitue à partir de la «lumière» et de l'environnement. Les teintes difficiles à saisir, violentes ou douces, nécessitent de préparer des palettes et d'effectuer des essais avant toute opération.

LES CLOTURES

Les grands lotissements du XIXe siècle disposaient d'une réglementation propre aux clôtures destinée à maintenir un paysage naturel continu entre les parcelles et visible de l'espace public. A l'origine des barrières basses en planches, avec des poteaux en bois marquaient l'alignement sur la voie. Comme elles étaient construites sur le même modèle, la ligne des clôtures accompagnait l'espace public sur toute la longueur des voies, au gré des courbes de la rue et des mouvements des dunes.

Certaines clôtures étaient constituées de simples arceaux métalliques, aux fins barreaudages, d'autres plus riches furent ensuite composés d'un mur bahut surmonté de grilles ornementées en fer forgé. Malheureusement, plus tard apparurent les clôtures en ciment et des ensembles «fantaisistes», anecdotiques, parce que trop différents du caractère naturel des quartiers.

Comme les clôtures participent directement au paysage des rues et des quartiers balnéaires, l'unité de leur aspect est garante de l'unité paysagère, et leur évolution doit satisfaire à un projet ou une vision d'ensemble préalable au même titre que les bâtiments.

LA VEGETATION

Pour la plupart des quartiers balnéaires du littoral aquitain la forêt de pins formait le paysage initial. Les villas y étaient implantées en donnant l'impression de s'être insérées entre les arbres.

Le développement des jardins d'agrément, artificiellement paysagés, a contribué au recul du paysage original. De plus la volonté de dégager les vues, d'écarter les grands arbres de la proxi-

N° 197

La réglementation de la forme et de la nature des clôtures dans le lotissement de la Ville d'Hiver d'Arcachon a assuré la cohérence du paysage et la qualité du site.

N° 198

mité des constructions a favorisé le dénudement des parcelles. Cet état de fait devient crucial aujourd'hui quand on sait que les pins pour certains âgés de près d'un siècle disparaîtront sans être remplacés. Le renouvellement de la végétation dominante à haute tige, qui n'est pas incompatible avec le jardin particulier, doit être entrepris si l'on veut respecter l'harmonie des sites balnéaires.

Volumétrie particulière, façades composées, architectures de charpentes, assises maçonnées, imposantes toitures, couleurs variées, unité des clôtures et de la végétation caractérisent sur le littoral aquitain les ensembles balnéaires du XIXᵉ siècle et posent le problème de leur pérennité dans le respect de leur détail.

Restaurer les villas et les adapter à la vie d'aujourd'hui suppose la présence d'artisans qualifiés et de maîtres d'œuvre éclairés capables de mener des interventions de qualité, mais surtout que les copropriétés de plus en plus nombreuses ne se traduisent pas à l'extérieur par des morcellements qui risquent de détruire l'unité des édifices et de leur écrin végétal.

NOUVELLES CONSTRUCTIONS ET NOUVEAUX QUARTIERS

La banalisation est le danger qui menace le plus gravement les cités balnéaires dont la reconstruction spontanée défigure complètement le caractère. Casinos et villas disparaissent petit à petit sous l'influence de certains promoteurs de vacances et la tradition pittoresque se perd au profit d'une architecture fantaisiste dans le détail mais globalement banalisante.

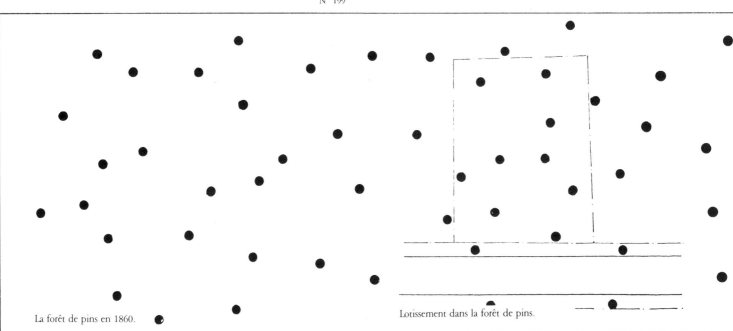

La forêt de pins en 1860.

Lotissement dans la forêt de pins.

Manifestement la leçon principale de l'architecture balnéaire en Aquitaine n'a pas été tirée : le bon usage de la véranda ou de la galerie et du balcon.

Cette menace est également importante dans les zones d'extension des stations balnéaires traitées le plus souvent sous forme de lotissement où aux damiers rigoureusement rectilignes ont succédé les tracés sinueux puis les multiples tentacules des voies en impasse. La distinction entre la maison individuelle de vacances et la maison de ville ordinaire y est de plus en plus tenue : c'est la banalisation du balnéaire.

Les lieux de villégiature, à l'image des cités balnéaires du XIXᵉ siècle, doivent rester à la fois apaisants et dépaysants. C'est pourquoi l'esprit du décor et de la mise en scène qui animait ce paysage urbain à part entière doit être retrouvé.

Il pourrait en particulier s'exprimer aisément dans le traitement de l'ambiance urbaine qui dépend pour beaucoup de la place faite au végétal et de l'inter-face espaces publics - espaces privés. Les clôtures, les plantations, les sols et le mobilier urbain, en s'inspirant des exemples existants dans les différents sites balnéaires du XIXᵉ siècle, devraient fortement concourir à maintenir l'image de cité du loisir.

Il faut avoir une conscience aïgue du caractère original du balnéaire du XIXᵉ siècle et de son expression régionale, et maintenir, au-delà des créations et des adaptations quotidiennes, l'esprit des paysages qu'il a créé dans les différents sites du littoral aquitain où le bois et plus particulièrement le bois découpé a été utilisé avec une remarquable constance pour l'ornementation en polychromie des villas.

N° 201

Des parcs et des promenades.

N° 202

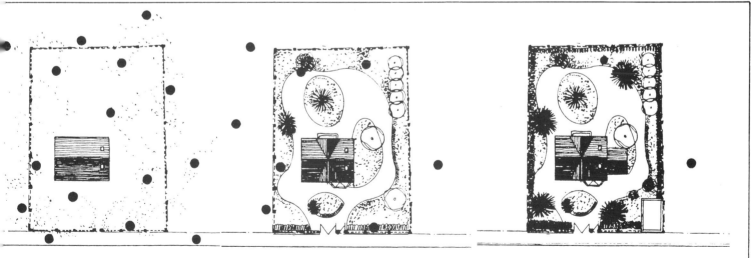

a villa de location : les pins sont préservés et les clôtures restent transparentes.

La résidence en 1900 : le jardin comprend allées et pelouses à bosquets et la majorité des pins ont disparu.

En 1980 la résidence a reçu une extension et un garage. La végétation est plus touffue ; une haie enclot la parcelle : il ne reste qu'un seul pin...

4

LES VILLAGES DE VACANCES

LES QUARTIERS BALNEAIRES D'AUJOURD'HUI, LES VILLAGES DE VACANCES

Depuis le début du siècle, la nature des séjours de vacances, la prise en compte des contraintes d'environnement, la qualité des maîtres d'ouvrage, la promotion immobilière, ont générés des formes nouvelles d'habitat balnéaire qui pour la plupart se sont banalisées : que ce soit la maison individuelle familiale créée à l'unité ou selon un modèle à large diffusion, ou que ce soit l'ensemble collectif. Il n'en va toutefois pas ainsi pour l'une d'entre elles : le village de vacances.

UN ART DES VILLAGES, UN ART DE VIVRE

Vivre l'espace, vivre dans la nature, disposer du gîte et de quelques services utiles de proximité, représentent le programme urbanistique et architectural des villages de vacances. Le camp de toile -le camping sur terrain aménagé- représente la forme première du village de vacances ; le camp de mobilhomes en est le «détournement»... Avec le village de vacances un art de vivre se confirme : le village crée plus ou moins volontairement un groupe social ; l'espace collectif privilégié s'organise au gré des formes du terrain, et autour des équipements de services, le bungalow, la maison ou le chalet reste un élément très ponctuel, isolé, rarement organisateur d'espaces.

LES VILLAGES EN FORET

Sur le littoral aquitain, la constitution des sites -la forêt de pins en particulier- se prête largement à l'implantation toute en douceur des villages. Sur un fond sablonneux vallonné, les pins créent une rythmique fort utile pour l'insertion du bâti. La trame tressée par cette rythmique régulière, malgré la succession des plans, permet que le village se constitue en une véritable «broderie». On peut affirmer que volontairement ou intuivement, c'est bien avec ce concept que les architectes maîtres d'œuvre des opérations récentes ont élaboré une «architecture» de villages de vacances.

L'architecture se présente de manière soumise à la forêt et à la dune.

N° 203

LES REALISATIONS

A la suite du développement des sites balnéaires au XIXe siècle, diverses étapes jalonnèrent les recherches vers une nouvelle architecture forestière sans présenter explicitement de relations directes de cause à effet.

LES CONCESSIONS COMMUNALES

Réalisées dans les années 1930 pour les plus anciennes, elles permettent la construction sur de petits lots (150 à 200 m²) d'édicules strictement précaires (cahier des charges). Des villages importants se sont constitués à Lacanau (199 lots), Piqueyrot (93 lots) et à Hourtin, au bord des lacs. Les constructions précaires furent parfois détournées de leur destination en évoluant vers des types de résidences plus élaborées. Le développement des contraintes architecturales en résultant assura la promotion d'une petite architecture

N° 204

157

de bois riche d'inventions (on verra plus loin que ce phénomène présente des analogies avec celui qui se manifeste dans les villages ostréicoles).

La qualité de ces villages malgré l'absence d'unité architecturale repose sur l'échelle des édifices et leur insertion dans les massifs arbustifs.

LES CENTRES NATURISTES

Créés dans les années 1970, ils ont permis de multiples recherches sur l'architecture de bungalows. L'un d'eux «Euronat» situé à Grayan l'Hôpital en offre un véritable catalogue.

On trouve des bungalows dont l'aspect se rapproche de celui de maisons individuelles : murs maçonnés et toitures à faibles pentes avec débord en galerie ; des bungalows constitués d'un unique toit à forte pente descendant jusqu'au sol ; des constructions en bois, etc. Le tout est implanté d'une manière relativement uniforme sur une immense parcelle boisée en bord de mer, parcourue de voiries en boucles.

Si l'architecture ne s'est pas encore affranchie de ses références aux modèles régionaux, comme en témoigne l'appellation des types de bungalows (modèle Pyrénées, modèle Landes, etc.) l'opération d'Euronat, parmi d'autres met en évidence la nécessité d'une recherche architecturale importante.

LA NOUVELLE GENERATION DE STATIONS TOURISTIQUES

La station de Carcans-Maubuisson est exemplaire tant pour les méthodes d'approches paysagères que pour les réalisations architecturales. L'alternance d'espaces aménagés en villages indépendants les uns des autres et d'espaces vierges favorise l'insertion dans le massif forestier. Station «satellisée» par rapport à un petit centre urbain (mairie, commerce), implantée au bord d'un lac, son intégration au paysage est le résultat d'une soumission totale au «grand site» et aux caractéristiques de chaque micro-site : mouvements dunaires, densité végétale, rives de lacs, réseaux viaires et bourgs existants, etc.

Une quinzaine d'opérations, des villages et des pôles d'équipements, ont été confiées à différents architectes : on peut citer les «Forestières» habitat léger en résidence secondaire sous forme de bungalows en bois construits sur plan carré et couverts d'une toiture à versant unique ; «Les Forestières 1» aux constructions édifiées sur deux niveaux (emprise au sol 5,00 m × 6,00 m) ; le Village «Oxygène» caractérisé par ses grands bungalows sur pilotis dont les longues toitures à faible pente se prolongent sur l'un des côtés pour abriter un large balcon en galerie ouvert sur une «aire» forestière propre à chaque groupement ; le Village des «Bruyères» présente des cellules d'habitation sous forme de studios ou de gîtes groupés suivant un mode d'implantation assez dense mais animés par un jeu de toitures et de terrasses alternés. A la différence de

158

ces villages tout en bois, celui des Bruyères N° 3 présente des groupements de bungalows dont les parements en maçonnerie alternent avec les structures en bois des toitures et des balcons.

LA PRISE EN COMPTE DES PROBLEMES D'ENVIRONNEMENT
(ARTICLE DE MME MARGUERITE MERCIER PAYSAGISTE A LA MIACA)

LE SITE

La Zac de Carcans-Maubuisson, d'une superficie de 140 ha, se trouve à 5 km de l'océan et 55 km de Bordeaux, entre la station de Maubuisson (3.100 lits touristiques) et la base de loisirs de Bombannes (équipements et 2.400 lits touristiques) à l'Ouest du lac de Carcans Hourtin au-delà du premier cordon dunaire qui longe le lac.

Nous nous trouvons dans le paysage caractéristique de la forêt dunaire précôtière girondine : paysage mouvementé de bourrelets dunaires à flanc Ouest abrupt dont la hauteur croît en direction des terres, paysage uniformément couvert d'une forêt de pins maritimes. A la limite des dunes et de la lande plate, de grands lacs trouent l'étendue boisée. Le site de la Zac apparaît comme une succession de cuvettes uniformément boisées de pins dont le sol est couvert d'aiguilles et de mousses avec des taches de feuillus en sous étage, principalement sur les flancs Ouest des dunes. Il s'en dégage une ambiance contradictoire de petitesse et d'infini, d'uniformité et de diversité. Le peuplement de pins a une cinquantaine d'années. Le sous-bois restreint soumis au soutrage compte une trentaine d'espèces réparties selon divers étages (chêne vert, tauzin, pédonculé, arbousier, genêt, ajonc, bruyère à balai, bruyère cendrée, callune, germandrée, mélampyre, ciste, etc.). Le sol sableux, pauvre est extrêmement fragile.

LES ETUDES D'ENVIRONNEMENT
• Etudes préalables

La prise en compte des problèmes d'environnement s'est inscrite dès le démarrage des études, au stade du montage du dossier de réalisation de Zac. A ce stade une étude d'environnement réalisée en 1978 a été menée avec l'aide d'une équipe paysagiste-écologiste (*). Cette équipe a travaillé de concert avec l'architecte en chef de l'opération et les différents intervenants.

Cette étude d'environnement est sous-tendue par une approche visuelle, écologique et urbanistique. Elle aborde le problème de l'environnement sous trois aspects :
- analyse du milieu, propositions de sauvegarde de ses caractéristiques profondes ;
- adaptation du programme au site et intégration ;
- proposition du réaménagement de l'espace en utilisant les possibilités de régénération et de végétalisation propres au site.

Dans un premier temps une analyse fine du site a été faite. Elle a été suivie par le test de la capacité de la zone à recevoir le programme et par le zonage des possibilités d'utilisation du site.

Les grandes caractéristiques du site conditionnent le parti d'aménagement :
- le regroupement : plateau, pente forte, lède, forme une entité constituée des éléments les plus riches et les plus variés du site, notamment par la diversité de leur sous-bois. Ces ensembles sont représentatifs dans leur composition végétale du paysage à développer pour obtenir une plus grande diversité végétale. Ils sont à conserver en priorité, à protéger et à enrichir ;
- les zones indifférenciées en pente douce, exposées essentiellement Ouest-Sud Ouest, à sous-bois clair, sont réservées aux constructions, voies de desserte et aux activités ;
- le système routier s'adapte au relief en s'inscrivant dans les traversées naturelles existantes du système dunaire, en empruntant les fonds de vallon ou les chemins forestiers. Les stationnements sont rejetés dans le fond de vallon qu'emprunte la voie d'accès à Bombannes.

Ces directives ont sous-tendu le parti d'aménagement de la Zac et aidé au montage du Paz. Simultanément, l'étude de la préservation et de la pérennité du peuplement forestier de la base de Bombannes (peuplement d'âge similaire soumis à la fréquentation touristique) a été effectuée, pour le compte de la Miaca, par l'Office national des forêts. Les conclusions de cette étude ont aidé à établir le schéma d'aménagement des espaces extérieurs de la Zac prenant en compte la régénération du peuplement.

La politique végétale s'appuie sur le remplacement du système monospécifique des pins par un écosystème forestier plus diversifié qui favorise l'évolution climatique de la forêt, l'enrichissement biologique et visuel du milieu forestier, l'augmentation de la résistance du milieu aux maladies et aux insectes. C'est la façon dont la forêt et la dune pourront le mieux absorber la fréquentation de plusieurs milliers d'habitants.

Le Paz établi, il a paru souhaitable de tester son impact sur le site et notamment son impact sur le boisement. Le taux de boisement a été évalué à 10 % pour les îlots construits, 6 % pour les parkings, 95 % pour les zones de sport et les voiries, le taux moyen étant de 14 % pour l'ensemble de la Zac.

Pour achever cette approche, une étude plus fine des problèmes d'environnement, d'urbanisme et d'architecture a été approfondie sur un îlot test par l'architecte en chef et le paysagiste de la Zac. Les conclusions de ce travail sont reprises sous forme réglementaire dans le Raz ou sous forme de recommandations dans le cahier d'orientations complémentaires d'urbanisme et d'architecture joint au dossier de Zac. Cette approche a aidé à esquisser les procédures de montage de la phase opérationnelle.

• Etudes opérationnelles

La prise en compte des problèmes d'environnement se poursuit à travers la phase opérationnelle de mise en place des superstructures, des équipements et de l'habitat de loisirs. Les espaces publics se distribuent à travers les espaces interstitiels situés entre les îlots d'habitat et aux abords des ouvrages de voirie, piste cyclable, chemin piéton.

Les travaux nécessaires à la reconversion de la forêt de pins vers une forêt mixte à dominante feuillue, s'effectuent selon des techniques forestières modulées selon des directives paysagères.

Lors de la réalisation des ouvrages, par le Syndicat mixte, l'intervention paysagère se passe en deux temps, en tant que conseil lors de l'implantation des ouvrages dans le site, en tant que maîtrise d'œuvre pour la réalisation du paysagement. Ces prestations sont effectuées dans le cadre de l'ingénierie par le paysagiste de la Zac.

Le parti d'aménagement des infrastructures propose de traiter la voie de liaison Maubuisson-Bombannes qui dessert la Zac, comme une épine dorsale abondamment plantée d'essences colorées. Les autres voiries s'intègrent plus modestement au site par reconstitution des sols érodés ou replantation d'essences rustiques.

Afin d'assurer la prise en compte de l'environnement au niveau des espaces privés construits, une prestation paysagère complète la prestation de l'architecte en chef. Pour chaque îlot, une étude fine du site et de ses contraintes transcrite sur un plan topographique avec relevé des arbres en place à l'échelle du 1/500e détermine les passages possibles de voirie, les clairières constructibles, les pentes à préserver. Cette étude aide à l'établissement du plan de contraintes d'urbanisme. Un plan de directives paysagères spécifie les masses et les essences à planter selon des techniques paysagères et forestières en continuité des espaces interstitiels et selon des techniques plus classiques aux abords des bâtiments. Ces directives sont remises au promoteur dans le cadre du dossier maître d'ouvrage. Elles servent à l'établissement du plan masse et du plan d'espaces verts. Un suivi important de la phase chantier permet de conserver au mieux le peuplement et les sols et de concrétiser le processus de prise en compte du site lors de l'élaboration des projets et de leur réalisation.

L'aménagement de la Zac se met en place. Cette expérience de prise en compte des problèmes d'environnement à l'échelle du milieu vivant se déroule tout au long de l'aménagement. Basée pour une grande part sur la transformation d'un écosystème spécialisé en écosystème plus diversifié, elle pourra apporter la preuve, si elle s'effectue dans de bonnes conditions et si elle est poursuivie avec le temps, qu'une opération d'urbanisme qui prend comme option principale de limiter la dégradation du milieu naturel peut aussi concourir à son enrichissement. Pour mener à bien cet aménagement une compréhension profonde par les différents intervenants de l'évolution du milieu naturel et des modifications qui lui sont apportées par l'aménagement et la fréquentation touristique est indispensable.

(*) Bureau Santucci-Ecoprojet.

LA STATION TOURISTIQUE
DE CARCANS-MAUBUISSON
(ARTICLE DE M. MICHEL MACARY ARCHITECTE DE L'U.P.A. 3)

Créer une station touristique nouvelle relève d'un défi qui rappelle celui des villes nouvelles même si les deux projets ne sont pas comparables, ni par leur ampleur ni par leur complexité. Toutefois l'expérience de l'une n'est pas étrangère à l'autre.

La station de Carcans-Maubuisson n'a pas été conçue comme une entité isolée. La partie nouvelle est constituée d'un ensemble de 5.000 lits avec ses services collectifs, dont l'intérêt ne peut être bien perçu que dans le cadre de la conception globale de la station de Carcans-Maubuisson.

Cette opération ambitieuse de tourisme social où se conjuguent les efforts des élus (municipalité et conseil général) de la Miaca, de l'Union des H.L.M. et des Organismes d'H.L.M. Girondins, ne prend son sens que dans une station touristique ouverte sur la vie locale, avec une vie permanente et une infrastructure exceptionnelle d'équipements sportifs et de loisirs ouverts à tous.

Le principe des hébergements groupés en petits villages, insérés dans la forêt et reliés entre eux et avec le reste de la station, ne s'explique que par l'importance du réseau de liaisons (chemins piétons, pistes cyclables et transports en commun) qui les met en communication avec les principaux centres d'intérêt de la station : le village de Maubuisson, dont le pôle sera la nouvelle «place centrale» de la station, Carcans-plage au bord de l'océan, avec sa plage immense, et la base départementale de sports et de loisirs de Bombannes dont l'attractivité dépasse la région.

Les possibilités offertes de découverte de la pratique sportive et le contact avec une nature proche et diverse (l'océan, la forêt, le lac) créent un climat dans lequel l'architecture a son rôle à jouer. Le schéma d'urbanisme, conçu initialement par J. Belmont et

l'équipe bordelaise Bernagaud, Colombani, Frantz, suivant les mêmes principes que celui de Lacanau, organise le développement perpendiculairement à la côte, par greffe sur les villages existants, et sous forme de petites unités disséminées dans la forêt et reliées à des pôles d'activités importants (base de Bombannes, pôle de Maubuisson).

Une lecture plus attentive du schéma permet de redonner toute son importance aux éléments structuraux de la station qui s'organisent suivant un axe Nord-Sud : au Sud la plage réaménagée de Maubuisson, le pôle de Maubuisson (voir plus loin). La voie de Bombannes qui dessert, au milieu du parc forestier qui s'étend à l'Est jusqu'au lac, les nouveaux villages de vacances, enfin la base de Bombannes qui termine au Nord ce dispositif.

Cet enchaînement d'espaces majeurs très caractéristiques doit être exploité pour développer une image forte de la station à partir de laquelle toute la diversité architecturale des villages devient alors enrichissement du projet global.

Les villages de vacances sont disposés en amphithéâtre sur les pentes Ouest (les moins pentues) des cirques naturels constitués par le relief éolien de la côte dunaire. Au fond des «lettes» sont placés quelques équipements légers de jeux et de sports.

Des directives d'urbanisme et d'architecture sont étudiées pour chaque village définissant, après analyse écologique du site et conception architecturale d'ensemble, les zones constructibles, l'emplacement des services collectifs, des parkings, les grands cheminements et perspectives, enfin, les liaisons avec les villages voisins et le grand axe Nord-Sud.

Un cahier des recommandations architecturales porte sur la disposition des maisons par rapport au relief (pilotis, décalages de niveaux), sur les éléments de transition intérieur / extérieur adaptés au climat aquitain (terrasses couvertes, pergolas, abris couverts...) sur les pentes de toitures et les matériaux locaux.

N° 210

N° 211

N° 209

CREER DES SITES AVEC LA QUALITE ARCHITECTURALE

INTEGRATION AU SITE ET AUDACES ARCHITECTURALES

La confrontation constante entre la pression foncière initiatrice de grandes opérations promotionnelles et les contraintes du respect des caractéristiques majeures des sites n'empêche pas les recherches architecturales de se poursuivre. Les exigences ainsi engendrées peuvent même être au contraire source de qualité.

On peut citer l'exemple de l'opération de la Marina de Talaris à Lacanau : les maîtres d'ouvrage souhaitaient implanter une grande partie des villas en bordure de lac, sous la forme d'une Marina.

Cette proposition se trouvait être en contradiction avec les objectifs de préservation du paysage des rives des lacs. C'est en aménageant des bras d'eau intérieurs, sur l'emprise des rives que la Marina put être réalisée.

Des bungalows aux bardages de bois naturel ou peint de couleurs vives, construits sur pilotis forment un audacieux hameau sur l'eau en parfaite harmonie avec le site et qui n'introduit pas de rupture dans la perception globale de la rive du lac de Lacanau.

CREER DES SITES DE VILLAGE

Les exemples de la ville d'hiver d'Arcachon, ou de l'aménagement de l'ensemble de Carcans-Maubuisson apportent parmi d'autres des leçons d'urbanisme et d'architecture.

Une subtile relation d'échelle s'est établie entre la conception des «lotissements», la création des chalets et villas et le paysage, et ceci d'une manière monumentale. Les voiries se jouent du relief et de la végétation par des tracés en boucle pour former des îlots adaptés au mouvement de la dune. Sans cesse le rectiligne compose avec la sinuosité. Les chalets et villas sont quasiment «plantés» comme les grands pins, avec une architecture aux volumes simples dont les verticales sont bien souvent soulignées, ou qui épousent les pentes. Monumentalité enfin, quand le paysage forestier est maintenu uniformément et sans rupture, quand le maintien de la transparence de l'espace permet de magnifier les effets plastiques et lumineux de la forêt.

Ces opérations ne procèdent pas de juxtapositions de villages ou de quartiers, mais d'une volonté tenace d'unité dans la variété, d'harmonie et même de hiérarchisation de la valeur des espaces et des fonctions entre elles.

L'exacte adéquation entre le site et sa forme d'occupation est créateur d'un site nouveau qui... semble avoir toujours existé.

RENOUVELER L'ARCHITECTURE BALNEAIRE

L'expression d'un programme nouveau peut se traduire par une réponse architecturale originale qui lui est propre. Loin des bourgs anciens empreints de traditions significatives, la création en site vierge permet d'adapter, sans contraintes culturelles réelles, la cellule de vacances aux besoins.

Même quand les modes constructifs imposent parfois d'eux-même leurs dispositions dans la mise en œuvre des matériaux et leur assemblage, il est possible par des apports expressifs d'une région, d'une époque et d'un mode de vie, de les adapter aux circonstances et de permettre une insertion sans heurt dans les sites, créatrice de nouveau paysage comme ce fut le cas pour les ensembles balnéaires du XIXe siècle.

Larges baies, balcons, galeries couvertes, ouvertures à la mesure de leurs fonctions, pilotis, escaliers,... permettent une architecture autre que la simple transposition de modèles traditionnels. Outre la volumétrie et la composition des éléments, l'invention dans le détail (assemblages et encastrements des menuiseries, pose des bardages de bois) contribuent à la qualité des petits édifices pour lesquels la participation à un ensemble cohérent se trouve être le facteur primordial de l'insertion.

S'INSERER EN SE REFERANT AUX VALEURS SURES

Comme on l'a vu précédemment le rapport d'échelle, la fidélité au relief et le jeu avec les boisements constituent des critères d'insertion communs à nombre de projets. Il en est qui sont plus particulièrement pertinents pour les villages de vacances.

L'APPUI SUR LE SOL

Dans les sites de villages de vacances, le sol généralement sablonneux doit être valorisé pour améliorer la qualité du rapport avec la nature. C'est à ce niveau, celui de la fondation, que l'architecture de villages de vacances peut et se doit... d'être différente de l'architecture résidentielle traditionnelle. Préserver la continuité du sol par construction sur poteaux ou pilotis, ou maçonneries de faibles emprises et porte-à-faux, etc. fournit encore un thème de création architecturale (les premières «cabanes» pour phtisiques à la Ville d'Hiver d'Arcachon étaient isolées du sol de cette façon pour des raisons sanitaires). Qui plus est, construire «en décolié du sol» permet aussi dans les zones dunaires d'adapter la construction à l'instabilité des dunes sensibles à l'accumulation ou à l'érosion.

LE BOIS, MATERIAU DE LA FORET

Le bois et l'argile constituent les matériaux des landes par excellence. L'abondance du bois a contribué largement à l'élaboration de la maison rurale : maisons massives à pans de bois aux colombages comblés de torchis ou plus tard de brique ; l'ensemble couvert de tuiles canales. L'architecture contemporaine peut également se concevoir à partir de ces matériaux, en particulier le bois. En effet à la différence des matériaux reconstitués ou usinés, le bois apporte une garantie d'accord avec l'environnement naturel. Il s'inscrit de plus dans l'idéal balnéaire de vie au grand air. L'architecture de bois aussi audacieuse soit-elle, reste toutefois proche des tra-

ditions parce que limitée par les simples données physiques du matériau : dimensions et sections du bois débité, architecture d'assemblages etc. Enfin, le développement de l'architecture de bois renouvelée depuis 1975 environ, permet avec l'aide des efforts et des expériences propres à la «filière bois» d'augmenter les débouchés des exploitations locales et de favoriser le développement et la qualité des exploitations forestières.

N° 213

N° 214

N° 215

5

LES VILLAGES OSTREICOLES

LE BASSIN, PRINCIPAL FOYER DE LA VIE MARITIME DU LITTORAL AQUITAIN

Le Bassin d'Arcachon, unique échancrure du littoral des Landes de Gascogne est le principal foyer de la vie maritime de ce rivage.

Même à l'époque où habité par les Boïens ou les Romains, il était beaucoup plus ouvert sur l'océan qu'aujourd'hui, l'activité n'était pas vraiment tournée vers l'océan. L'allongement vers le sud du Cap Ferret qui rendait difficile l'entrée des passes a exclu la «petite mer de Buch» du grand commerce maritime.

De plus, le bassin fut longtemps séparé de Bordeaux et de l'arrière pays par des landes désertes et presque infranchissables.

Par contre le bassin d'Arcachon a toujours constitué un site exceptionnel de pêche et d'élevage et est devenu depuis le siècle dernier un des plus importants centres ostréicoles français. L'exploitation de ces ressources exceptionnelles fut longtemps libre et inorganisée.

Les premiers réservoirs à poissons furent créés sur les rivages d'Audenge vers 1770 à l'emplacement d'anciens marais salants. Ils se multiplièrent au XIXᵉ siècle sur la côte est et sud du bassin et connurent une belle prospérité jusqu'à la première guerre mondiale date à laquelle d'autres spéculations s'avérèrent plus lucratives.

L'ostréiculture apparut bien après la pisciculture. Ce n'est qu'au milieu du XVIIIᵉ siècle que des mesures de protection des gisements naturels de coquillages divers furent édictées afin de prévenir une surexploitation déjà sensible.

Ces mesures n'enrayèrent pas le phénomène et à la fin du XVIIIᵉ siècle l'ostréiculture réglementée devient la seule solution devant la demande croissante des consommateurs.

DE LA CUEILLETTE A L'EXPLOITATION

L'idée de parquer des huîtres contribua à la naissance de cette nouvelle ostréiculture et à son essor, ce qui amena les Services Maritimes à accorder des concessions (1849). C'est ensuite la découverte de nouvelles méthodes de fixation du naissain (l'invention de la tuile chaulée en 1865 par un maçon nommé Michelet) qui assura la prospérité de la culture artificielle de l'huître et la systématisation des types d'exploitation, à savoir :
- les parcs,
- les terres-pleins pour travaux et entrepôts,
- les cabanes pour le rangement du matériel ou le tri des huîtres,
- les cabanes d'habitation dans certains cas.

POSSEDER SA CABANE SUR LE DOMAINE PUBLIC

Les villages ostréicoles constituent les ensembles les plus pittoresques des rives du bassin d'Arcachon. Ils n'émanent pas d'une volonté originelle d'ordre architectural, ce sont en fait des cabanes, des entrepôts et des abris destinés à la seule activité ostréicole. Leur regroupement forme un urbanisme issu du pur produit de l'activité économique sous tendu par un statut particulier du droit des sols : la concession de lots sur le Domaine Public Maritime (D.P.M.).

L'occupation du Domaine Public Maritime fait l'objet d'une tolérance de l'Etat sur la base d'une autorisation précaire et révocable (ceci est valable pour des cabanes ostréicoles aussi bien que pour des cabines de bain ou des installations estivales sur une plage).

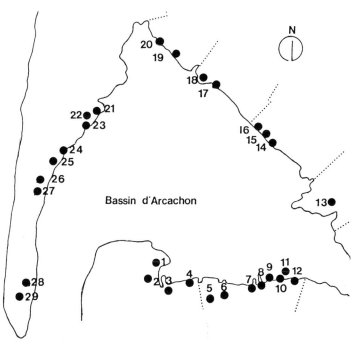

LES PORTS OSTREICOLES DU BASSIN D'ARCACHON

LA TESTE
1. L'Aiguillon
2. Lapin Blanc
3. Port de la Teste
4. Le Rocher

GUJAN-MESTRAS
5. La Hume
6. Meyran
7. Port de Gujan
8. Port de Larros
9. Larros/Le Canal
10. Port du Canal
11. La Barbotière
12. La Molle

AUDENGE
13. Port d'Audenge

LANTON
14. Port de Cassy
15. Robinville
16. Port de Taussat

ANDERNOS
17. Port ostréicole
18. Andernos

ARES
19. Port ostréicole
20. Arès

LEGE/CAP FERRET
21. Le Four
22. Les Jacquets
23. Petit Piquey
24. Grand Piquey
25. Piraillan
26. Le Canon
27. L'Herbe
28. Cap-Ferret
29. Le Mimbeau

N° 217

167

Des réservoirs à poissons.   N° 218

L'implantation des concessions fut donc peu à peu localisée en fonction des demandes, et les cabanes furent groupées sur des levées de terre de telle manière que les ensembles formèrent spontanément des villages.

Regrouper des lots concédés dans un site, c'était, en raison de la fonction même des installations à terre, reconstituer ou créer un port. Cela justifie l'appellation des ports ostréicoles qui, pour la plupart, sont formés d'alignements de cabanes sur une levée le long d'un chenal ou d'un bassin.

La Teste et Gujan furent les premiers ensembles concédés, bientôt suivis des ports de la côte orientale de la presqu'île de Lège Cap Ferret. Bien que la tolérance d'occupation du Domaine Public Maritime porte uniquement sur l'installation de l'exploitation, on a dû admettre par la force des choses le développement de cabanes destinées à l'habitation. En effet, les concessions accordées sur l'île aux Oiseaux ou même sur la côte de Claouey et de Lège ne se trouvaient accessibles que par bateau et sans possibilité d'hébergement elles devenaient difficilement utilisables. Une tolérance d'habitation sur le Domaine Public Maritime fut ainsi admise à la fin du XIXe siècle (L'Herbe, Claouey, Lège).

N° 219

PAYSAGE ET ARCHITECTURE OSTREICOLE

DES PORTS ET DES VILLAGES

Créés d'une seule pièce, et dans un laps de temps assez court, les groupements ostréicoles se différencient nettement les uns des autres. Chaque site d'implantation a engendré une structure villageoise particulière :

EN LINEAIRE

Ce sont des ensembles de cabanes implantés le long d'un chenal ; leur structure est simple et articulée autour de terres-pleins édifiés longitudinalement. Celui-ci supporte le chemin de desserte et une ou deux rangées de cabanes.

N° 220

N° 221

N° 222

Bien souvent, la voie est centrale, séparant les deux rangées de cabanes et ne donne pas sur le chenal.

AUTOUR D'UN BASSIN PORTUAIRE

Ils ont été créés comme des ports artificiels comportant des ouvrages en maçonnerie, glacis, quais, rampes, etc. L'implantation des cabanes correspond au lotissement de la concession et l'ordonnancement est rigoureux.

EN GROUPEMENTS COMPACTS

Plus complexes ils n'ont pas été régis par l'implantation le long de chenaux. Ce sont les villages ostréicoles à proprement parler, qui correspondent à une forme de lotissement unique, distribué par un réseau de rues et ruelles assez enchevêtrées. Le village de l'Herbe en constitue l'un des exemples les plus remarquables.

DES SITES PITTORESQUES

Les ports ostréicoles, disposés linéairement, semblent s'étaler en chapelets de cabanes. On cite ainsi les ports ostréicoles de La Teste, de Gujan (7 ports), du Teich, qui ont tous la particularité de se développer principalement sur la frange côtière. Ces ports apparaissent le plus souvent fondus dans un paysage de prés salés et se profilent dans le lointain, en rang continu légèrement au-dessus du niveau de la végétation. Cette disposition confère aux sites une échelle particulière caractérisée notamment par la répétitivité de petits volumes identiques.

Les groupements ostréicoles, disposés parallèlement au rivage sont lotis en «épaisseur». Avec un réseau de voies orthogonales et une diversité des constructions, aussi faible soit-elle, ils ont un aspect de «village» bien représentatif de leur fonction.

Au gré de parcours dans les domaines concédés, les cabanes se succèdent les unes aux autres selon la même emprise et les mêmes dimensions, mais les nuances de structure et de forme apportent la diversité. Parfois même des types prédominent d'un port à l'autre. Ainsi à Gujan, voit-on des cabanes avec des toitures en avancée supportées par des jambes de force former un abri sur une partie de l'aire de travail extérieure. L'alignement de ces types de cabanes confère un rythme particulier au site.

A partir du mode de construction fait de poteaux, de charpentes, et de bardages de planches, toutes les variations sur la structure et le recouvrement renouvellent l'architecture. La véritable unité du site est donnée par les toitures aux pentes égales recouvertes de tuiles mécaniques, et le ton sombre ou gris perlé du bois patiné.

L'ECHELLE ET LE RYTHME

La cabane de petites dimensions, de faible hauteur forme souvent le seul module de l'ensemble du groupement. La distance entre cabanes, espace intersticiel non utilisable, peut varier de 50 cm à 2 m. Rares sont les ports dont les cabanes sont complétées de hangars de plus grande dimension. Cette qualité du gabarit-

cadre est le fondement du paysage quelque peu insolite de ces villages-horizontaux. Aussi, les regroupements de cabanes, s'ils s'avéraient nécessaires, devraient-ils prévoir dans la mesure du possible le maintien de cette marque de la «travée».

LES STRUCTURES

Construite en bois et recouverte d'une toiture en général de tuile mécanique, la cabane ostréicole, bien que jamais semblable en tout à sa voisine, présente des dispositions typées sur l'ensemble des sites. Les campagnes de construction, l'art des charpentiers locaux ont entraîné la répétition de certains modes : orientation des faîtages et des pignons, positionnement et proportion des baies, étages en entresol, toitures en auvent avec jambes de force, types de bardages. Seule l'analyse de chaque village permettrait de faire apparaître ces types afin de mieux les mettre en évidence pour les respecter et en tenir compte.

LES MATERIAUX

Le bois assimile facilement l'édifice au milieu naturel des rives boisées ou des prés salés. Marqué par le climat, sa patine le fait se fondre avec la végétation ou le sol des levées de terre. Bien souvent le goudron noircit le bois et apporte une note soutenue dans le paysage.

LE CAS DU VILLAGE DE L'HERBE

UN MICRO-SITE ENTRE LA DUNE ET LE BASSIN

Enserré entre l'eau et les arbres disposés sur la dune, le village de l'Herbe s'étend en longueur parallèlement à la côte, limité au nord et au sud par les aires de travail et de dépôt.

Accessible par une voie carrossable unique, il ne laisse la place, par ailleurs, à aucun véhicule. C'est un village d'ostréiculteurs. Son isolement à la fin du XIXᵉ siècle (les routes du Cap Ferret n'étaient guère pratiques) exigeait que les familles d'exploitants logent sur place. C'est l'exiguïté des lieux qui a conduit à une implantation très dense et organisée. L'une des trames de voirie facilitait par exemple l'accès au bassin par des rails.

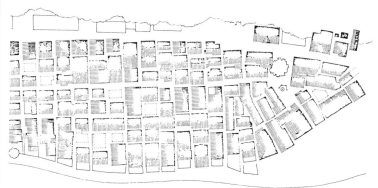

L'architecture des cabanes varie d'un site à l'autre en fonction de leur emprise au sol et du type de port (implantation linéaire ou groupée).

L'ADAPTATION DE LA RIGUEUR

Le plan du village fait apparaître un système de rues orthogonales mais jamais sur le site une rue n'apparaît droite. Les perspectives sont continuellement brisées par les décalages, les décrochements d'une maison à l'autre, les saillies, les auvents, le jeu des hauteurs, l'alternance des pignons. Leurs irrégularités assurent une surprise continuellement renouvelée.

A CHAQUE RUE SA FONCTION

Il existe à l'Herbe des rues pour les résidences, abritées du vent et du soleil, bien souvent occupées de chaises et de tables ; ce sont les rues où l'on vit. Les rues où l'on travaille, perpendiculaires à la côte, donnent sur le bassin. Toutes très étroites elles peuvent se

limiter parfois à une largeur de 80 cm, mais s'ouvrent de temps à autre sur une placette. A l'origine, aucun équipement public n'avait été accepté dans ces villages.

NI CLOTURE, NI JARDIN, NI COUR : UN FAIT SOCIOLOGIQUE

L'organisation du village et la conception des maisons ont été conditionnés par le régime de la concession. Il n'existe pas d'espace privé en dehors de la maison.

Aussi les espaces publics sont devenus très vivants ; ils sont bien entretenus et restent ouverts à tous. Cependant, une tendance à une certaine appropriation de l'espace public se manifeste par la création d'appentis, d'auvents et surtout la permanence du mobilier extérieur.

Enfin on note que le système de la concession a une influence sur le comportement et la mentalité des habitants. Le Domaine Public apparaît comme le domaine collectif du village, un milieu sécurisant, ouvert. Pourtant la maison n'est pas un placement à long terme... Elle n'est pas transmissible...

DES VILLAGES A PROTEGER ET UN AVENIR INCERTAIN

Basée sur l'exploitation familiale, l'activité ostréicole a longtemps été très morcelée, donnant aux divers ensembles de cabanes un véritable caractère de village, souvent refermés sur eux-mêmes en raison de l'exiguité des lieux, et très homogènes, compte-tenu de l'unicité du domaine d'activité. Aujourd'hui, les méthodes d'exploitation modernes, plus performantes tout en demeurant artisanales, nécessitent des bâtiments plus importants que les petites cabanes et des ports mieux aménagés. Les critères de confort ayant eux aussi évolué, bon nombre d'exploitants n'habitent plus sur leur lieu de travail. De nombreuses cabanes en bois sont donc délaissées, voire abandonnées, certaines sont même détruites au fur et à mesure de leur désaffectation.

Les communes encore riches de ce patrimoine, et les services responsables des sites protégés cherchent aujourd'hui des solutions adaptées à l'évolution de ces villages.

Le problème du devenir des cabanes ostréicoles reste posé. L'usage à des fins de résidences estivales (d'ailleurs très recherché) n'étant pas compatible à long terme avec le caractère inaliénable du Domaine Public, l'activité ostréicole, modernisée ayant besoin de nouveaux «ports» et de nouveaux types de bâtiments, l'avenir des anciens ports ostréicoles, si pittoresques, dépend maintenant de leur réutilisation pour une activité pouvant s'exercer sur le Domaine Public Maritime.

N° 225

REUTILISER LES CABANES

UNE DEFINITION DE L'AVENIR

Une intégration au site exceptionnelle, en particulier en ce qui concerne les ports ostréicoles isolés justifie à elle seule qu'on s'attache à préserver un type d'urbanisme dont on peut estimer que l'expression contient une forme de modernité.

• Urbanisme unique engendré par le système de la concession : on possède la cabane mais non le terrain, d'où l'économie particulière d'utilisation du sol.

• Urbanisme unique engendré par le foisonnement souvent linéaire de cabanes, toutes en bois et couvertes en tuile, sans que les limites de propriétés ne marquent le paysage (végétation, clôture…).

Préserver ce type architectural, c'est rechercher à implanter des activités liées à la mer qui permettent de perpétuer les concessions, ou mieux, de maintenir par échange et regroupement des secteurs ostréicoles sur les emplacements les plus pratiques ou attractifs et de réserver à d'autres activités liées à la mer les cabanes abandonnées. Les communes ou des organismes associatifs ou parapublics pourraient apporter le relais nécessaire à cette gestion.

L'ÉVOLUTION DES CABANES DANS LE RESPECT DE LEUR ARCHITECTURE

La réutilisation des cabanes et la conservation de certains types de villages suppose le respect de leurs caractéristiques constitutives :

Les villages habités de l'Herbe et du Canon présentent des façades, ou parties de façades en menuiseries peintes, parfois de couleur vive. Le parti-pris de colorer un village répond au souci de l'entretien du bois et apporte une note toute particulière à ces espaces étroits, la couverture de tuile mécanique rouge reste généralement la seule note de couleur vive dans les paysages aux tons pastels. La toiture de tuile a une double importance en raison de son poids réel qui évite à la cabane d'être touchée par les tempêtes et de son «poids visuel» qui solidifie cet édifice précaire. L'unité des toitures, remarquée dans le lointain, est par ailleurs le critère essentiel d'harmonie de l'ensemble dont les détails sont à peine perceptibles à cause de la teinte sombre du bois.

• L'implantation, le plan, le sens des toitures doivent être respectés de même que les tracés doivent l'être méticuleusement parce qu'ils assurent la monumentalité de ces sites modestement constitués de petits édifices.

LES NOUVELLES IMPLANTATIONS DE HANGARS

L'évolution de la production conchylicole nécessite aujourd'hui, pour des raisons techniques et économiques de véritables ateliers dont les gabarits dépassent largement les dimensions traditionnelles.

De nouvelles zones d'implantation ont été constituées à cet effet. De nouveaux terre-pleins artificiels accueillent ces ports ostréicoles et leur architecture obéit à des cahiers des charges adaptés. Différentes recherches de modèles de hangars ont permis des réalisations où se mêlent maçonnerie et bardages de bois ou de matériaux artificiels teintés.

CONCLUSION

Au terme de cette analyse paysagère de la façade côtière des départements landais et girondin, comment ne pas être étonné face à la légendaire uniformité des «Landes de Gascogne» à laquelle a longtemps été attachée une attitude de consommation sans limite d'espaces naturels? N'est-ce pas plutôt en terme d'unité et de complexité que doit être appréhendé le littoral aquitain pour mieux refléter la richesse, la fragilité et la complémentarité de ses sites?

La confusion entre uniformité et unité est essentiellement due à la présence presque constante de la forêt de pins maritimes qui monopolise la perception immédiate du paysage. Cependant, la rectitude quasi absolue de la ligne de côte contre laquelle s'appuient les différentes vagues dunaires ainsi que la frange d'étangs et de marais, témoigne d'un degré de cohésion assez subtil et complexe. Le développement en bandes successives parallèles au rivage de chacun de ces éléments suggère une impression de continuité et de fuite jusqu'à l'infini. Leur échelle régionale (un cordon dunaire de 200 km, un massif forestier d'un million d'hectares, un plan d'eau de 18.000 hectares) confère à l'espace littoral une force et une homogénéité bien particulière qui en font tout l'attrait mais aussi malheureusement la fragilité. En effet, la multiplication d'aménagements ponctuels résultant d'initiatives individuelles ne peut conduire qu'à un effritement progressif et irréversible de ce vaste ensemble et menacer son équilibre toujours précaire. Aussi pour garder toute son unité à cette immense façade littorale est-il indispensable, quels que soient les projets, de penser en termes d'aménagement global avant de laisser libre cours aux initiatives particulières, comme a pu le faire la M.I.A.C.A. à l'échelle de l'ensemble du littoral aquitain.

Si l'unité est incontestable, l'uniformité est beaucoup plus apparente que réelle et il est important d'en tenir compte pour assurer l'insertion d'un bâtiment ou d'un quelconque aménagement. En effet, les éléments majeurs du paysage (plage océane, dune littorale, grands cordons dunaires boisés, vastes étangs et marais) se combinent de multiples manières du nord au sud, créant ainsi des micro-paysages très différenciés où s'expriment très fortement les particularismes locaux.

Des «mattes» du Bas-Médoc aux étangs médocains, des rivages de l'océan aux clairières des «airials» du Marensin, la diversité des sites reflète à la fois les différences de conditions climatiques (essentiellement pluviosité), la diversité du relief (inégale extension des dunes anciennes et modernes), et la variété de tailles des éléments (surface des plans d'eau). Elle révèle aussi les contrastes liés aux empreintes humaines plus ou moins profondes et plus ou moins tardives. Tous ces paysages littoraux qui surprennent par leur ampleur et leur caractère sauvage ont été largement interprétés par l'homme et sont le résultat de travaux de grande envergure. Le boisement des dunes modernes, qui a duré plus d'un demi-siècle, représente sans doute l'acte d'aménagement le plus connu, mais comment ne pas être admiratif et respectueux face à la somme de travail représentée par le remodelage de la dune bordière ou par les digues et épis inlassablement reconstruits pour défendre cette côte menacée par l'érosion marine.

Ainsi par leurs expériences passées, les hommes du pays ont acquis une conscience très vive des contraintes du milieu physique :
- bâtir sur la dune reste dangereux et aléatoire, car la marche du sable est, malgré les apparences, toujours d'actualité,
- agir sur les plans d'eau peut avoir des conséquences néfastes sur la végétation de la lande, car l'équilibre écologique établi entre étangs, marais et ruisseaux reste précaire,
- déboiser une parcelle au milieu du massif forestier provoque des phénomènes de fragilisation qui, à la moindre tempête, menacent les arbres de lisière et leurs voisins ; de plus, il faut au moins un demi-siècle pour recréer un paysage forestier.

Cette expérience du milieu alliée à un travail sans relâche, a permis de construire au cours des siècles un paysage cohérent en lui donnant une spécificité dont l'attrait, en particulier touristique, n'est plus à démontrer.

Pour maintenir cette harmonie, il est important que chacun soit conscient du rôle dévastateur qu'il peut jouer sans pour autant en mesurer immédiatement les conséquences néfastes. Ce ne sont pas seulement les grands aménagements spectaculaires qui peuvent compromettre ce fragile équilibre. Chacun est concerné, que ce soit lors de la construction d'une maison individuelle, dans le choix de l'implantation, des volumes ou du caractère architectural, ou bien lors du déboisement d'une parcelle, du remblayage d'un terrain ou de l'introduction de végétaux étrangers, ou même lors de la simple réfection d'une façade.

Dans cet ouvrage, nous avons essayé de mettre en évidence les grandes caractéristiques de chaque unité paysagère, de comprendre la logique qui les a façonnés et de proposer en parallèle, des exemples de réponses architecturales qui s'inscrivent dans la continuité d'une Histoire.

Ceux-ci ne représentent en aucun cas des modèles à reproduire systématiquement. Ils ne valent que pour l'illustration de la démarche visant à l'insertion d'une construction dans un site donné. En effet, en la matière il n'y a pas de solutions types et encore moins de «recettes». Chaque site est un ensemble particulier de données naturelles (relief, végétation, climat...) ou culturelles (constructions, plantations...) dont les rapports de force définissent un caractère propre. Il doit faire l'objet d'une réflexion qui lui est particulière pour que son aménagement donne lieu à une réponse spécifique.

Cette démarche peut être résumée en trois phases :

1. L'ETAT DES LIEUX

C'est l'inventaire impartial des composants et des contraintes du paysage selon les différentes échelles de perception du site : unité paysagère, parcelle.

2. LE CHOIX D'UNE STRATEGIE

Le classement des éléments caractéristiques du milieu en fonction de leur originalité, fragilité, complexité et force permet de déterminer une attitude exprimée en termes de choix et de priorités :

- soumission au paysage : c'est le paysage, naturel ou bâti, qui est le plus important, il devra garder son intégrité. La construction disparaîtra dans son environnement comme un caméléon,

- affirmation du site : c'est un élément particulier du site qui en fait toute la force et qui peut être un accident du relief, un bâtiment existant, une couleur ou des matériaux... Il sera repris et mis en valeur dans la nouvelle composition architecturale, prolongeant ainsi l'équilibre déjà établi préalablement,

- création d'un site original : le site de base est considéré comme banal, sans point de force particulier. C'est le bâtiment qui deviendra le point fort du paysage créant un nouvel équilibre. La construction est alors considérée comme un objet placé dans le site, comme un bijou dans un écrin.

3. LA TRADUCTION ARCHITECTURALE

C'est de la synthèse entre le programme (fonction du bâtiment et personnalité des occupants) et la stratégie vis-à-vis du site que naîtra la réponse architecturale. Elle sera alors traduite concrètement à l'aide de volumes, matériaux, couleurs...

Dans cette prise de position face au milieu environnant seulement deux attitudes doivent être envisagées :
- CONSERVER L'EQUILIBRE ETABLI
- CREER UNE NOUVELLE HARMONIE

Dans tous les cas il est indispensable d'éviter la juxtaposition d'éléments antagonistes qui engendrent une rupture d'équilibre fatale à l'harmonie de l'ensemble du paysage que ce soit à l'échelle de l'unité paysagère ou de la parcelle.

ANNEXE

LA PROTECTION DE L'ESPACE
SUR LE LITTORAL :
LE CAS DE L'AQUITAINE

La protection de l'espace relève d'une politique globale d'amélioration du cadre de vie.

La sauvegarde des espaces naturels et des paysages de plus en plus sollicités par l'urbanisation, l'industrialisation, les infrastructures ou en cours de dégradation tantôt du fait de la régression des activités agricoles, tantôt de leur intensification apparaît aussi indispensable pour la qualité de la vie que pour les activités humaines.

Leur disparition aurait des conséquences irréversibles tant sur l'environnement de chaque individu que sur l'équilibre écologique et économique en général.

Il s'agit donc de rendre compatibles : vie économique, développement des activités et sauvegarde du patrimoine naturel au bénéfice de l'équilibre harmonieux de la collectivité des hommes.

«Le territoire français est le patrimoine commun de la nation. Chaque collectivité publique en est le gestionnaire et le garant dans le cadre de ses compétences. Afin d'aménager le cadre de vie, de gérer le sol de façon économe, d'assurer la protection des milieux naturels et des paysages et de promouvoir l'équilibre entre les populations résidant dans les zones urbaines et rurales, les collectivités publiques harmonisent, dans le respect réciproque de leur autonomie, leurs prévisions et leurs décisions d'utilisation de l'espace».

Article 35 de la Loi du 7 Janvier 1983 relative à la répartition de compétences entre les communes, les départements, les régions et l'Etat.

QUELQUES DONNEES SUR LE LITTORAL

En l'absence de définition juridique précise, le littoral est couramment défini comme une bande large de plusieurs kilomètres qui comprend l'ensemble des cantons côtiers et en mer la largeur des eaux territoriales (12 miles marins).

IL EST SOUMIS A TROIS STATUTS JURIDIQUES
• Le Domaine Public Maritime

Comme l'ensemble du domaine public de l'Etat, il est inaliénable et imprescriptible et d'un usage commun à tous.

Selon de Code Civil *«les rivages, les lais et relais de la mer, les ports, les havres, les rades et généralement toutes les portions du territoire français qui ne sont pas susceptibles d'une propriété privée, sont considérées comme des dépendances du domaine public».*

L'Etat peut accorder des autorisations d'utilisation privative. Elles seront toutefois précaires et révocables et ne pourront aller à l'encontre de la vocation des terrains, à savoir l'usage du public.

• Le Domaine Privé de l'Etat

Les espaces littoraux ayant ce statut sont aliénables lorsqu'ils ne sont plus susceptibles d'être affectés ou utilisés.

• Les Propriétés Privées

Elles sont limitées côté mer par la délimitation du domaine public maritime, notamment lorsqu'il y a création de lais et relais.

Elles sont frappées d'une servitude de passage de piétons sur une bande de trois mètres de large à partir des limites du domaine public maritime.

L'Institution de la servitude implique que le propriétaire riverain doit laisser aux piétons le droit de passage et n'apporter aucune modification des lieux susceptible d'y faire obstacle.

Le Code de l'urbanisme prévoit une liste des cas où l'application de la servitude peut être adaptée ou suspendue après enquête.

Les propriétés privées riveraines du domaine public maritime n'ont ni droit d'accès, ni droit de vue, le domaine public maritime ne pouvant être l'objet de servitudes.

IL PRESENTE TROIS CARACTERISTIQUES ESSENTIELLES

• **C'est un espace par nature physiquement limité** (la longueur du linéaire côtier français est d'environ 5.500 km) où les activités ont tendance à se développer essentiellement de façon linéaire.

• **C'est un milieu profondément original** où les nombreuses interactions entre la terre et la mer lui confèrent une incontestable richesse et diversité écologique.

Près de 90 % de ce qui vit dans la mer se reproduit le long des côtes.

Les lagunes côtières, les zones humides littorales comptent parmi les systèmes naturels les plus productifs y compris les milieux terrestres les mieux fertilisés. Ce sont également des lieux de refuge, d'alimentation et de reproduction privilégiés pour nombre d'espèces dont beaucoup sont protégées.

En Aquitaine, elles représentent de plus des habitats d'importance internationale pour l'avifaune migratrice de la zone boréale européenne.

• **C'est un lieu de détente, de promenade et de loisirs** plébiscité par le plus grand nombre. L'engouement des vacanciers français et étrangers est étroitement lié à une image de qualité fondée sur la diversité des paysages et la présence d'une partie importante des grands sites naturels nationaux.

IL CONNAIT UNE INTENSE ACTIVITE ECONOMIQUE ET UNE FORTE CROISSANCE URBAINE

A l'agriculture et aux activités traditionnelles liées à la mer sont venus s'ajouter, notamment dans les années 60, le tourisme de masse et les industries grosses consommatrices d'espace : raffineries, complexes sidérurgiques ou chimiques et récemment centrales nucléaires.

Les activités économiques étroitement liées au transport maritime sont concentrées dans et autour des ports, les autres sont beaucoup plus diffuses et réparties sur l'ensemble du littoral.

En ce qui concerne le tourisme, on estime que 60 % des journées de vacances sont prises à la mer. Cet afflux touristique, 19 millions de touristes fréquentent le littoral, est concentré sur une courte période avec 40 % des séjours entre le 15 juillet et le 15 août.

Pendant la saison estivale, la population littorale fait plus que doubler et est multipliée par 5 ou 10 dans les plus petites communes et celles qui sont situées dans les zones les plus naturelles.

Si l'inégalité du peuplement dans le temps et dans l'espace est une caractéristique majeure il convient de souligner également que les communes littorales concentrent 10 % de la population française sur 3 % du territoire et que l'évolution démographique du littoral a constamment été supérieure à la moyenne française depuis la seconde guerre mondiale.

Cette forte dynamique mal maîtrisée a entraîné d'importants désordres qui se sont traduits en particulier par la disparition progressive du paysage traditionnel et de la nature, détruits ou défigurés par des logements, des usines, des voies de transports et des carrières.

FRANCE
• Les 5.533 km du linéaire côtier se répartissent en :
- 1948 km de plages (35 %)
- 1548 km de côtes rocheuses découpées (28 %)
- 1316 km de marais et vasières (24 %)
- 721 km de falaises (13 %).
• 51 % soit 2.800 km sont constitués d'espaces urbanisés :
- 17 % soit 960 km où l'urbanisation est dense
- 34 % soit 1840 km où l'urbanisation est diffuse.
• 49 % soit 2.700 km sont constitués d'espaces naturels :
- 23 % soit 1.272 km si on ne considère que les espaces continus ayant une longueur d'au moins 2 km et une profondeur d'au moins 500 mètres,
- 5,6 % si on ne retient que les espaces continus ayant une longueur d'au moins 2 km et une profondeur d'au moins 2 km soit :
*230 km pour la façade océane dont 152 km en Aquitaine
*17,5 km sur la Méditerranée (hors Corse)
*rien en Bretagne et en Normandie.

Depuis les années 80, les espaces naturels représentent seulement moins de la moitié des paysages côtiers français. La proportion des espaces naturels devient ridicule (environ 5 %) lorsqu'on ne prend en compte que ceux qui sont vraiment significatifs, mais il est intéressant de constater qu'ils sont situés pour moitié approximativement en Aquitaine.

AQUITAINE
• Façade atlantique Gironde et Landes :

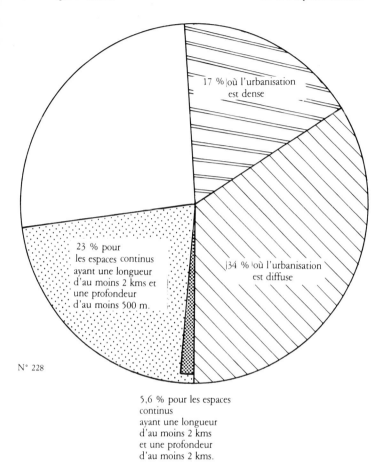

LINEAIRE COTIER FRANÇAIS

49 % d'espaces naturels

51 % d'espaces urbanisés

17 % où l'urbanisation est dense

34 % où l'urbanisation est diffuse

23 % pour les espaces continus ayant une longueur d'au moins 2 kms et une profondeur d'au moins 500 m.

N° 228

5,6 % pour les espaces continus ayant une longueur d'au moins 2 kms et une profondeur d'au moins 2 kms.

Un littoral rectiligne de 219 km avec plus de 80 % d'espaces naturels.

• Bassin d'Arcachon :
Un linéaire de 90 km où près de 80 % de l'espace est urbanisé.

• Pyrénées Atlantiques : 34 km de littoral urbanisé.
Le littoral aquitain (Gironde-Landes) se caractérise par :
- la prédominance des espaces naturels qui sont en grande partie propriété de l'Etat ou des collectivités locales,
- l'existence d'une brèche bien individualisée, largement ouverte à l'urbanisation : le Bassin d'Arcachon,
- la linéarité et l'homogénéité de sa côte sableuse qui en fait la plus longue plage d'Europe,
- l'absence d'agglomérations et d'activités industrielles et portuaires importantes (hormis le site du Verdon ouvert sur l'Estuaire de la Gironde).

Il se distingue aussi en cela du reste du littoral français et la sauvegarde de cette spécificité régionale faite de l'ampleur et de la beauté des espaces naturels représente un enjeu national.

L'AMENAGEMENT DU TERRITOIRE SUR LE LITTORAL

Comme le stipule l'article 37 de la loi du 7 janvier 1983 relative à la répartition de compétences entre les communes, les départements, les régions et l'Etat (article L. 121.10 du Code de l'Urbanisme), *«les documents d'urbanisme (Schémas Directeurs, Plans d'Occupation des Sols...) déterminent les conditions permettant, d'une part, de limiter l'utilisation de l'espace, de préserver les activités agricoles, de protéger les espaces forestiers, les sites et les paysages et, d'autre part, de prévoir suffisamment de zones réservées aux activités économiques et d'intérêt général, et des terrains constructibles pour la satisfaction des besoins présents et futurs en matière de logement».*

Cet article confirme le grand principe d'équilibre entre les deux impératifs de protection et d'aménagement que doit respecter tout document d'urbanisme pour rechercher l'utilisation optimale de l'espace.

En complément de ces instruments ordinaires de planification qui fixent depuis leur institution par la Loi d'Orientation Foncière de 1967, les orientations essentielles de l'aménagement de l'espace (SDAU) ainsi que les règles générales d'utilisation des sols (POS), des dispositions spécifiques en matière d'aménagement du territoire ont été prises pour l'espace littoral.

LES MISSIONS INTERMINISTERIELLES ET LEURS SCHEMAS D'AMENAGEMENT

Face à la pression touristique balnéaire massive et croissante depuis les années 1960 qui rendait plus aigus les conflits pour l'utilisation de l'espace et à laquelle venait s'ajouter le danger d'une urbanisation anarchique, ces structures administratives particulières ont été mises en place par l'Etat en même temps que des moyens financiers exceptionnels dans trois régions (Le Languedoc-Roussillon, l'Aquitaine, la Corse).

• La Mission d'Aménagement de la Côte Aquitaine (M.I.A.C.A.)

Créée par le décret n° 67.931 du 20 Octobre 1967, elle a été chargée de la coordination de l'aménagement de la côte aquitaine, de définir le programme général d'aménagement, d'en déterminer les moyens d'exécution et d'en suivre la réalisation.

Hormis sa participation active à la création le 16 Octobre 1970 du Parc Naturel Régional des Landes de Gascogne (il s'étend sur 22 communes de la Gironde et des Landes et est géré par un syndicat mixte. Parmi ses réalisations les plus marquantes dans le domaine de la protection et de la promotion du patrimoine régional et de l'environnement, on peut citer : l'écomusée de la Grande Lande à Sabres-Marquèze, et le Parc Ornithologique du Teich) et aux phases purement opérationnelles de l'aménagement de la côte aquitaine, l'action de la M.I.A.C.A. en matière de protection de

l'espace s'est surtout manifestée, comme nous allons le voir plus précisément, dans son Schéma d'Aménagement de la côte aquitaine et dans la mise au point d'une politique foncière active.

En raison de la publication des lois relatives à la décentralisation et en particulier de la loi du 7 Janvier 1983 relative à la répartition de compétences entre les communes, les départements, les régions et l'Etat, le statut et les compétences de la M.I.A.C.A. viennent d'être redéfinis par le décret n° 85-440 du 19 Avril 1985 :

ARTICLE 1er : «La Mission d'aménagement de la côte aquitaine (M.I.A.C.A.), qui fait suite à la Mission Interministérielle d'Aménagement de la côte aquitaine, est créé pour assurer une coordination des actions de l'Etat et de la région entreprises dans les Départements de la Gironde, des Landes et des Pyrénées-Atlantiques pour l'aménagement touristique de la côte aquitaine».

Présidée par une personnalité désignée par le Premier Ministre elle comprend les trois Préfets concernés (Gironde, Landes, Pyrénées-Atlantiques), un représentant des services régionaux de 6 ministères, le Trésorier payeur général de la région, un représentant de l'Office National des Forêts, le président et cinq représentants du Conseil Régional, et le secrétaire général de la mission.

Ce dernier (désigné par le Ministre chargé de l'aménagement du territoire) et ses services sont placés sous l'autorité du Commissaire de la République de Région pour établir les propositions à soumettre à la mission, exécuter les décisions prises et rendre compte de leur suivi.

ARTICLE 4 : «La mission est chargée de proposer à l'Etat et à la région la mise en œuvre coordonnée des moyens qu'ils sont susceptibles d'affecter à l'aménagement de la Côte Aquitaine, en conformité avec les schémas d'aménagement approuvés par l'Etat et avec les orientations définies par voix contractuelle entre l'Etat et la région... La mission effectue un suivi des opérations réalisées avec l'aide de l'Etat et de la région, conformément aux objectifs déterminés par le contrat de plan...».

Ainsi comme l'avaient souhaité les élus régionaux, la politique d'aménagement du littoral aquitain pourra être poursuivie et intensifiée et ceci avec le concours de la Mission d'Aménagement de la côte aquitaine et dans le respect des schémas d'aménagement.

• Le Schéma d'Aménagement de la Côte Aquitaine (Gironde - Landes)

Après en avoir approuvé le 17 décembre 1970 les principes généraux, le Comité Interministériel d'Aménagement du Territoire (C.I.A.T.) approuve le 20 avril 1972 la première partie (Gironde - Landes) du Schéma d'Aménagement de la Côte Aquitaine (la seconde partie, Pays Basque et Basse vallée de l'Adour, le fut le 13 mars 1974).

Ce Schéma d'Aménagement illustre le principe fondamental selon lequel l'aménagement de la côte aquitaine doit doter le territoire des équipements touristiques nécessaires en lui donnant une

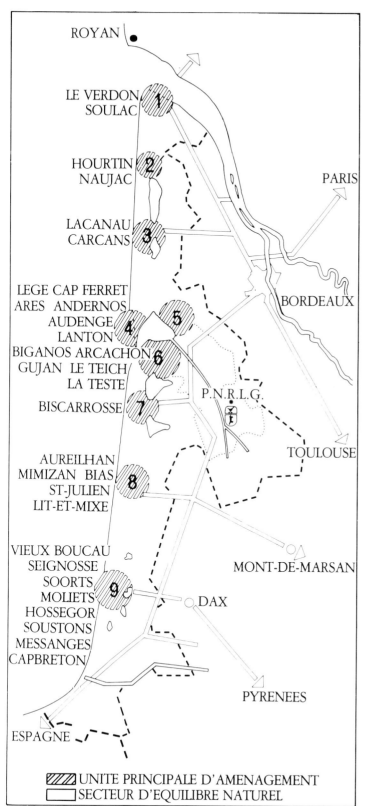

ROYAN

LE VERDON
SOULAC 1

HOURTIN
NAUJAC 2

PARIS

LACANAU
CARCANS 3

LEGE CAP FERRET
ARES ANDERNOS 5
AUDENGE 4
LANTON
BIGANOS ARCACHON 6
GUJAN LE TEICH
LA TESTE

BORDEAUX

BISCARROSSE 7

P.N.R.L.G.

TOULOUSE

AUREILHAN
MIMIZAN BIAS 8
ST-JULIEN
LIT-ET-MIXE

VIEUX BOUCAU
SEIGNOSSE
SOORTS 9
MOLIETS
HOSSEGOR
SOUSTONS
MESSANGES
CAPBRETON

MONT-DE-MARSAN

DAX

PYRENEES

ESPAGNE

▨ UNITE PRINCIPALE D'AMENAGEMENT
▢ SECTEUR D'EQUILIBRE NATUREL

image de marque originale fondée sur la conjonction de l'océan, de la forêt et des lacs, tout en lui conservant son équilibre écologique et humain.

Il repose sur la division du littoral aquitain en seize secteurs correspondant à neuf Unités Principales d'Aménagement où seront concentrés les équipements, séparés par sept Secteurs d'Equilibre Naturel où l'accent sera mis sur la protection du milieu naturel.

La surface totale des U.P.A. représente 125 000 hectares, celle des S.E.N. 265 000 hectares.

Au sein de chaque U.P.A. les opérations touristiques nouvelles séparées par des espaces naturels seront traitées perpendiculairement à la côte et s'appuieront sur les urbanisations déjà existantes. Pour chacune d'entre elles, dans un souci de qualité, un architecte-urbaniste sera nommé et chargé d'assurer la conception générale et le contrôle des réalisations.

Les options d'aménagement ainsi définies seront traduites dans les documents d'urbanisme réglementaire que sont les Schémas Directeurs d'Aménagement et d'Urbanisme, et les Plans d'Occupation des Sols.

Il s'agit donc là d'une politique de discontinuité dans l'aménagement et de protection de la nature qui est novatrice en son genre à une telle échelle d'autant plus que les actions d'aménagement touristique et les actions de protection seront menées parallèlement.

Outre les Secteurs d'Equilibre Naturel qui seront aménagés légèrement afin qu'ils puissent sans dommage accueillir les touristes, la politique de protection du milieu naturel s'appuiera sur l'application de mesures réglementaires complétée par des interventions foncières et sur une attention particulière portée à la fragilité du milieu.

C'est ainsi que le Comité Interministériel pour l'Aménagement du Territoire du 11 juillet 1975 décide de lancer un programme de création de 11 réserves naturelles.

Il s'agit du Nord au Sud :
l'étang de la Barreyre (Grayan et l'Hospital)
le marais de Lespau (Vendays Montalivet)
le Palu de Molua (Hourtin)
l'étang de Cousseau (Lacanau)
la pointe d'Arès à Lège
l'île aux Oiseaux (Bassin d'Arcachon)
le delta de la Leyre (Bassin d'Arcachon)
le courant de Sainte-Eulalie (Sainte-Eulalie en Born)
l'étang de Malloueyre (Mimizan)
le marais de Contis (Lit et Mixte - Saint-Julien en Born)
le courant d'Huchet (Moliets et Maa).

Ces 4.000 hectares ainsi couverts viendront s'ajouter aux deux réserves naturelles alors existantes : le banc d'Arguin dans le Bassin d'Arcachon et l'Etang Noir dans les Landes.

Retenus pour leur valeur et leur intérêt scientifique, ces espaces constituent l'échantillon minimum le plus représentatif des milieux naturels caractéristiques de la côte aquitaine.

Le C.I.A.T. du 11 juillet 1975 décide simultanément de créer ou d'étendre les périmètres de classement et d'inscription des sites naturels aux qualités paysagères particulièrement remarquables et fragiles.

Cela concerne pour l'inscription à l'inventaire des sites la presque totalité du littoral et pour le classement au titre des sites, les lacs et courants ainsi que leurs rivages non occupés sur une profondeur de 50 à 300 mètres, et certains secteurs situés en bordure du littoral. (Nous verrons plus loin ce qui a été réalisé depuis l'élaboration de ces programmes).

Outre cette protection renforcée et cette promotion de zones particulières, la politique d'aménagement préconisée par la MIACA prévoit de considérer l'ensemble de la forêt littorale hors opérations comme zone de protection et de maintenir en leur état naturel le maximum d'espaces, de manière à conserver à toute cette région son caractère de grande réserve d'espaces naturels.

Un projet de classement en forêt de protection vient ainsi d'être engagé, sous l'autorité du Préfet Commissaire de la République de la Gironde, par la Direction Départementale de l'Agriculture en liaison notamment avec l'Office National des forêts, pour le secteur situé entre l'étang de Hourtin - Carcans et la côte.

En effet, comme le stipule l'article L. 411-1 du Code Forestier, *«peuvent être classées comme forêts de protection, pour cause d'utilité publique :*
- les forêts dont la conservation est reconnue nécessaire au maintien des terres sur les montagnes et sur les pentes, à la défense contre les avalanches, les érosions et les envahissements des eaux et des sables ;
- les bois et forêts, quels que soient leurs propriétaires, situés à la périphérie des grandes agglomérations, ainsi que dans les zones où leur maintien s'impose, soit pour des raisons écologiques, soit pour le bien-être de la population».

Les forêts classées comme forêts de protection sont soumises à un régime forestier spécial qui interdit en particulier tout changement d'affectation ou tout mode d'occupation du sol de nature à compromettre la conservation ou la protection des boisements.

La procédure de classement en forêt de protection comporte une enquête publique. La décision de classement est prise par décret en Conseil d'Etat.

• La politique Foncière de la Côte Aquitaine

La mise en œuvre de ce Schéma d'Aménagement pouvait difficilement se passer d'une politique foncière permettant de maîtriser le prix des terrains et leur usage pour les zones où un aménagement est prévu et de «geler» les espaces naturels dont la vocation est de rester en l'état, de les gérer véritablement et de les ouvrir au public.

Déjà propriétaire et gestionnaire des forêts domaniales, gérant aussi les forêts communales toutes soumises au régime forestier selon une décision du CIAT du 20 avril 1972, l'Etat y tient jusqu'en 1974 le rôle principal.

C'est ainsi que par la procédure des Zones d'Aménagement Différé (Z.A.D.) ou plus exactement des Pré-ZAD mises en place sur plus de 180.000 hectares en décembre 1970, il devient l'acquéreur privilégié et contrôle toutes les ventes de terrains sur une bande côtière de 7 à 10 kms de large.

Plus de 500 ha sont achetés par l'Etat durant cette période soit parce qu'un espace naturel est menacé, soit pour compléter son patrimoine forestier, soit pour éviter la réalisation d'opérations inopportunes.

• Les Z.A.D.
Dès l'approbation du Schéma d'Aménagement et parallèlement à l'élaboration des documents d'urbanisme la délimitation des Z.A.D. définitives devant remplacer les pré-ZAD est entreprise.

Environ 40.000 ha de terrains privés correspondant pour 80 % aux zones de protection se trouvent ainsi concernés par les Z.A.D. créés en 1974 et pour lesquelles les départements de la Gironde et des Landes ont accepté d'être bénéficiaire du droit de préemption en relais de l'Etat.

Cette étape marque la prise en compte par les collectivités locales d'une responsabilité essentielle pour la bonne application du Schéma d'Aménagement.

L'Etat continue cependant à intervenir pour aider les acquisitions foncières et en particulier pour faciliter celles nécessaires à la réalisation des opérations d'aménagement touristique qui n'utilisent des terrains privés que pour une part relativement faible compte tenu de l'importance des propriétés publiques existantes dans les Unités Principales d'Aménagement.

Quelques centaines d'hectares sont ainsi achetés jusqu'en 1984 date à laquelle une nouvelle politique foncière se dessine au moment où les Z.A.D. créées en 1970 arrivent à expiration.

• Les périmètres sensibles
Elle repose davantage sur les périmètres sensibles qui ont été institués parallèlement aux Z.A.D. sur l'ensemble des communes littorales des départements de la Gironde et des Landes (ils ont été délimités par arrêté préfectoral pris après consultation des Conseils Généraux).

L'utilisation de la Taxe Départementale d'Espaces Verts, perçue au profit du département sur les constructions nouvelles à l'intérieur du périmètre sensible, doit permettre de mener une politique d'acquisition qui attache plus de poids à la protection, à l'aménagement et à la gestion des espaces naturels en vue de leur ouverture au public.

Le département a également la faculté de définir dans un périmètre sensible des zones de préemption de durée illimitée où il sera l'acheteur privilégié sur toute vente de terrains non bâtis (elles sont instituées par arrêté préfectoral après avis du Conseil Général et des conseils municipaux intéressés). Il ne pourra toutefois exercer ce droit de préemption qu'au motif de préservation, d'aménagement et d'entretien d'espaces naturels dans l'intérêt du public. Si à l'occasion d'une vente, le département ne souhaite pas préempter, le conservatoire du littoral peut se substituer à lui.

Les vendeurs sont astreints à signaler leur intention de vendre (Déclaration d'Intention d'Aliéner) mais contrairement à ce qui se passe pour les Z.A.D., ils ne disposent pas du droit de délaissement c'est-à-dire qu'ils ne peuvent pas mettre le préempteur en demeure d'acheter leur terrain.

De même, si le préempteur renonce à l'achat, le terrain est toujours soumis au droit de préemption.

• La politique foncière actuellement en vigueur

Cette nouvelle politique foncière se traduit donc par le dispositif suivant sur le littoral aquitain et plus précisément dans sa partie girondine où les réflexions sont plus avancées que dans les Landes :
- des Z.A.D. au profit de l'Etat (Ministère de l'Agriculture) couvrant les enclaves privées situées en forêt domaniale,
- des Z.A.D. au profit du département (pour une superficie de l'ordre de 4.000 hectares) dans les secteurs où une opération d'aménagement touristique est envisagée, sachant qu'il a été proposé aux communes de compléter le dispositif foncier par des Z.A.D. à leur bénéfice pour faciliter des actions d'aménagement communales à moyen ou à long terme,
- des Zones de Préemption du Périmètre Sensible (pour une superficie de l'ordre de 12.000 ha) afin d'assurer la surveillance et l'action foncière au titre de la protection des espaces naturels dans les secteurs les plus remarquables et les plus fragiles comme les zones humides, les zones côtières et les coulées vertes du Bassin d'Arcachon.

Courant 1984, le Conseil Général de la Gironde a décidé de créer un Comité Départemental des Périmètres Sensibles et a demandé à la Direction Départementale de l'Equipement d'être son opérateur foncier, c'est-à-dire d'instruire les affaires à soumettre au Comité et d'effectuer l'ensemble des démarches d'acquisition des terrains pour le compte du Département.

Associant étroitement les communes, cette politique foncière devient entre autre le prolongement naturel de l'action réglementaire menée au niveau des Plans d'Occupation des Sols (P.O.S.) qui elle-même découle de l'application du Schéma d'Aménagement de la Côte Aquitaine élaboré par la M.I.A.C.A..

LES INTERVENTIONS DU CONSERVATOIRE DE L'ESPACE LITTORAL ET DES RIVAGES LACUSTRES
• **Définition et objectifs du conservatoire**

Etablissement public de l'Etat à caractère administratif, le Conservatoire créé par la loi du 10 juillet 1975, *«a pour mission de mener dans les cantons côtiers et dans les communes riveraines des lacs et plans d'eau d'une superficie au moins égale à mille hectares, une politique foncière de sauvegarde de l'espace littoral, de respect des sites naturels et de l'équilibre écologique»*.

Pour remplir son rôle il peut procéder à toutes opérations foncières soit à l'amiable, soit en utilisant la procédure de préemption dans les cas prévus par la loi (dans les Zones de Préemption des Périmètres Sensibles lorsque le département renonce à utiliser son droit, dans les Zones d'Aménagement Différé) ou en cas de nécessité par voie d'expropriation. Mais il peut également recevoir des dons et des legs ou bien être affectataire des biens du domaine privé de l'État.

Les espaces naturels qui entrent dans son patrimoine sont inaliénables. Le Conservatoire doit également favoriser les actions exemplaires d'ouverture d'espaces naturels au public, respectant la qualité du site et son équilibre écologique.

Ses ressources financières proviennent pour l'essentiel d'une dotation annuelle de l'Etat et de subventions diverses. La loi n'a pas prévu que le Conservatoire gère les terrains qu'il a acquis ou qui lui sont affectés. C'est par voie de conventions qu'il confie la gestion de ces biens à des collectivités locales, des établissements publics tels que l'Office National des Forêts (O.N.F.) ou des associations ou fondations spécialisées agréées à cet effet.

Son conseil d'administration qui comprend trente quatre membres nommés par décret pour trois ans (représentants de différents ministères et des sept conseils de rivage, des parlementaires et des responsables d'associations de protection de la nature) définit la politique de l'établissement et le programme annuel d'activités, vote le budget et approuve les comptes financiers. Il délimite les surfaces des terrains incorporés au domaine propre du Conservatoire et approuve les conventions de gestion.

Sept conseils de rivage dont celui des rivages atlantiques (Aquitaine, Poitou-Charentes, Pays de Loire et Bretagne), composés d'élus régionaux et de conseillers généraux, sont consultés sur les opérations envisagées par le conseil d'administration et peuvent lui proposer la réalisation d'acquisitions.

Le Conservatoire doit tenir compte des documents d'urbanisme en vigueur. Il ne doit pas, par exemple, se porter acquéreur d'un terrain qui serait classé en zone urbanisable. Ses interventions répondent à trois préoccupations :
- équilibrer les acquisitions par type de milieux et de paysages de manière à constituer, à terme, un domaine qui témoignera de la diversité du littoral,
- mener une politique de protection des grands sites nationaux dont l'importance résulte de critères écologiques ou esthétiques et

paysagers (exemple : maîtriser les grands sites de repos de l'avifaune migratrice),
- préserver les terres agricoles littorales les plus menacées par la pression urbaine et touristique.

Bien entendu une coordination de son action avec les politiques foncières menées par les départements s'impose et en particulier dans le cadre de la législation sur les périmètres sensibles (acquisition et gestion des terrains).

• Ses actions en Aquitaine

En Gironde sur la façade atlantique le Conservatoire a acquis la plus grande partie du rivage du Cap Ferret et prévoit d'intervenir sur une trentaine d'hectares situés entre l'Amélie et Soulac.

Il poursuit par ailleurs une action plus volontariste autour du Bassin d'Arcachon où le fond du Bassin limité au Nord par le domaine de Certes, au Sud par le parc ornithologique du Teich et incluant le delta de l'Eyre constitue une des zones naturelles les plus intéressantes de France. Il vient d'acheter le domaine de Certes et devrait faire porter son action sur la maîtrise des autres domaines du secteur afin de faire rentrer dans le patrimoine public cet ensemble exceptionnel.

Dans les Landes, l'orientation générale consiste, pour le Conservatoire, à intervenir sur les espaces naturels délimités dans le cadre du Schéma d'aménagement de la côte Aquitaine, avec notamment la maîtrise de la façade atlantique située entre Cap-Breton et Labenne.

LA DIRECTIVE SUR LA PROTECTION ET L'AMENAGEMENT DU LITTORAL
• Contenu et objectifs

Adoptée en 1979 (Décret n° 79-716 du 25 août 1979), cette directive dont les dispositions en matière d'urbanisme sont opposables au tiers, contient un ensemble de mesures et de propositions tendant à mieux concilier protection et développement du littoral sachant que *«la protection du littoral est un impératif national auquel doit satisfaire toute décision d'aménagement».*

Instrument d'un équilibre toujours délicat à assurer ou à maintenir entre les diverses activités qui se concentrent sur cette partie de l'espace national, la directive fixe trois objectifs :
- combattre l'urbanisation désordonnée du littoral et préserver les espaces naturels, les équilibres biologiques et les possibilités de développement des activités économiques liées à la mer ;
- adapter les équipements au caractère du littoral, exploiter au mieux la richesse collective qu'il représente ;
- veiller à la qualité architecturale des constructions.

Ils se traduisent notamment par les dispositions suivantes :
• la maîtrise de l'urbanisation en évitant le développement linéaire des constructions et en les reportant le plus possible en arrière du rivage (respect d'une bande littorale de 100 mètres au minimum), puis en interdisant la construction dans les espaces encore naturels,

agricoles ou forestiers (les zones d'urbanisation futures sont strictement délimitées de manière à permettre l'extension normale des agglomérations existantes),
• les espaces naturels doivent faire l'objet d'une utilisation compatible avec la sauvegarde de leurs caractéristiques écologiques. Ainsi un contrôle accru des extractions de matériaux terrestres ou marins est exercé par les autorités locales et des études d'impact doivent être réalisées pour toute opération d'endigage, de comblement ou d'assèchement dans les zones humides littorales (marais, vasières). Les espaces de haute qualité sont protégés au titre des sites (loi du 2 mai 1930) ou classés en réserves naturelles ou en forêts de protection. Dans chaque département un programme de financements coordonnés est établi en vue d'acquisitions foncières et de la gestion d'espaces naturels,
• la réalisation des équipements liés à la mer, seuls à être admis sur la frange littorale, doit être conçue de manière à s'intégrer aux sites : implantation de ports de plaisance, interdiction de nouvelles routes de transit à moins de 2.000 mètres du rivage, ouverture des plages au public et libre accès au sentier du littoral,
• enfin, pour chaque secteur sensible du littoral, la directive prescrit l'établissement de cahiers de recommandations architecturales.

• Son domaine d'application en Aquitaine

La présente directive est applicable dans les communes riveraines du littoral aquitain en dehors des périmètres des opérations d'aménagement définis par le Schéma d'Aménagement de la Côte Aquitaine.

Au même titre que ce dernier s'impose aux documents d'urbanisme, elle est devenue après la loi du 7 janvier 1983 relative à la répartition de compétences entre les communes, les départements, les régions et l'Etat, opposable aux documents d'urbanisme qui doivent donc être compatibles avec ses dispositions.

LES ACTIONS STRICTES DE PROTECTION

Nous venons d'examiner les mesures spécifiques prises pour protéger le littoral français et en harmoniser l'aménagement et qui sont la concrétisation de la récente élaboration d'une politique globale du littoral. Mais leur préexistaient des réglementations relatives à la protection générale de l'espace qui ont été appliquées sur le littoral et en particulier sur le littoral aquitain.

Malgré le rapprochement des législations et leur intégration dans le concept plus vaste d'aménagement du territoire, les actions fondamentales de la protection générale de l'espace qui visent à sauvegarder l'espace en tant que tel, ont conservé leur propre autonomie et spécificité :
- elles sont centralisées : face aux pressions de l'urbanisation, le pouvoir de refuser s'exerce mieux de loin que de près,
- elles sont durables : la protection est un état non destiné à être remis en question,

- elles sont diversifiées : on ne protège pas les espaces naturels sans discernement. La création de réserves naturelles a des fondements écologiques, l'inscription ou le classement des sites à des fondements culturels et esthétiques : le paysage…

Alors que les protections au titre des sites sont plutôt considérées et utilisées comme un contrôle (Inscription) ou un frein (Classement) à l'urbanisation permettant la sauvegarde et la mise en valeur de paysages particulièrement remarquables et caractéristiques, la création de réserves naturelles poursuit en règle générale un triple objectif : le maintien des qualités écologiques du milieu, l'amélioration des potentialités d'accueil pour la faune et la flore et l'ouverture au public à des fins pédagogiques.

Ces mesures de protection comptent parmi les servitudes d'utilité publique qui s'imposent aux documents d'urbanisme, en particulier aux P.O.S..

LA PROTECTION DES SITES

Les sites naturels, ou bâtis à caractère artistique, historique, scientifique, légendaire ou pittoresque peuvent être protégés au titre de la loi du 2 mai 1930 par un classement ou une inscription.

Sont susceptibles d'être classés les sites dont l'intérêt est exceptionnel et qui méritent à cet égard d'être distingués, et intégralement protégés. Ceux qui ne présentent pas un intérêt de premier ordre mais dont l'évolution doit être rigoureusement suivie sur le plan paysager afin d'éviter leur banalisation et de permettre la préservation de leurs qualités sont inscrits à l'inventaire des sites.

Ces procédures de protection sont conduites sous l'autorité du Préfet, Commissaire de la République, par les Inspecteurs des Sites, chargés de mission auprès du Délégué Régional à l'Architecture et à l'Environnement pour le compte de l'Etat (Direction de l'Urbanisme et des Paysages - Ministère de l'Environnement pour les sites naturels, Ministère de l'Urbanisme, du Logement et des Transports pour les sites bâtis).

• Le classement des sites

C'est une mesure de protection très rigoureuse qui répond à l'idée de sanctuaire exceptionnel à protéger.

Elle n'est utilisée que pour les sites qui ont vocation à être maintenus en l'état, en effet les sites classés ne peuvent ni être détruits, ni être modifiés dans leur état ou leur aspect sauf autorisation spéciale du Ministre de l'Environnement donnée après avis de la Commission Départementale des Sites et chaque fois que le Ministre le juge utile de la Commission Supérieure (art. 12 de la loi du 2 mai 1930).

En outre la publicité est interdite dans les sites classés et il ne peut y être implanté de campings sauf autorisation ministérielle.

La procédure de classement comporte dans un premier temps une enquête publique dirigée par le Préfet, Commissaire de la République, et un avis de la Commission Départementale des

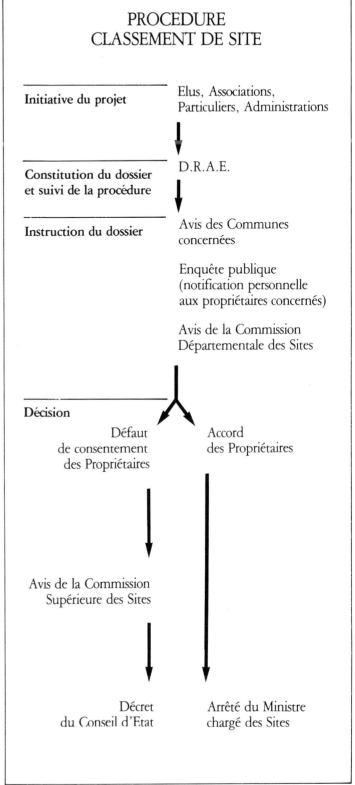

PROCEDURE
CLASSEMENT DE SITE

Initiative du projet	Elus, Associations, Particuliers, Administrations
Constitution du dossier et suivi de la procédure	D.R.A.E.
Instruction du dossier	Avis des Communes concernées
	Enquête publique (notification personnelle aux propriétaires concernés)
	Avis de la Commission Départementale des Sites
Décision	

Défaut de consentement des Propriétaires — Accord des Propriétaires

Avis de la Commission Supérieure des Sites

Décret du Conseil d'Etat — Arrêté du Ministre chargé des Sites

Sites (présidée par le Préfet elle est composée par des représentants de l'administration, des élus et des représentants d'associations et des experts en matière de protection de la nature).

Lorsque le (ou les) propriétaire concerné a donné son consentement, le classement est prononcé par arrêté du Ministre compétent sans que la consultation de la Commission Supérieure des Sites soit obligatoire (Présidée par le Ministre chargé des sites, elle se compose de représentants de l'Assemblée Nationale, du Sénat et du Conseil d'Etat, de représentants de l'Administration et de membres nommés par le Ministre dont un Inspecteur Général des Monuments Historiques chargé des Sites et dix personnalités compétentes en matière de protection des Sites).

Si le consentement de tous les propriétaires n'est pas acquis, le classement est prononcé par décret en Conseil d'Etat, après avis de la Commission Supérieure des Sites.

Le classement peut donner droit à indemnité au profit du (ou des) propriétaire, s'il entraîne une modification à l'état ou à l'utilisation des lieux déterminant un préjudice direct, matériel et certain.

• L'inscription des sites

C'est une mesure beaucoup plus souple puisqu'elle répond au souci de protéger de vastes paysages en les soumettant à une réglementation qui ne gêne pas leur évolution mais qui permette à l'Administration de la suivre et de la contrôler.

C'est ainsi que tout propriétaire est tenu de ne pas procéder à des travaux autres que ceux d'exploitation courante en ce qui concerne les fonds ruraux, et d'entretien normal en ce qui concerne les constructions, sans avoir avisé, quatre mois à l'avance, l'administration de son intention (art. 4 de la loi du 2 mai 1930).

Les demandes de permis ou d'autorisation de travaux tiennent lieu de déclaration préalable.

En dehors des démolitions pour lesquelles le permis de démolir doit être conforme à l'avis de l'Architecte des Bâtiments de France, l'administration chargée des sites n'est consultée que pour un avis simple et elle ne peut, en tout état de cause, s'opposer aux travaux qu'en ouvrant une instance de classement.

Comme pour le classement, l'inscription d'un site entraîne des limitations au droit d'utiliser le sol, mais elles sont également moins rigoureuses.

En effet, bien que la publicité soit interdite, il est possible de déroger à ce principe (art. 7 de la loi du 29 décembre 1979 relative à la publicité, aux enseignes et préenseignes) et il est interdit d'établir des campings sauf autorisation préfectorale.

Si l'inscription d'un site entraîne quelques contraintes, elle a essentiellement pour objet de provoquer et de favoriser un entretien et une mise en valeur des paysages naturels ou bâtis auxquels elle s'applique.

PROCEDURE
INSCRIPTION DE SITE

Initiative du projet	Elus, Associations, Particuliers, Administrations
Constitution du dossier et suivi de la procédure	D.R.A.E.
Instruction du dossier	Avis des Communes concernées
	Avis de la Commission Départementale des Sites
Décision	Arrêté du Ministre chargé des Sites

C'est ainsi qu'outre la promotion du site et l'assistance architecturale du C.A.U.E. et de l'Architecte des Bâtiments de France, l'administration chargée des sites (Direction de l'Urbanisme et des Paysages) dispose d'une ligne budgétaire afin de subventionner des travaux dans les sites.

Ces subventions de l'Etat, auxquelles s'ajoutent en général des participations du département peuvent être attribuées aux collectivités locales et aux particuliers pour des travaux de mise en valeur des extérieurs des immeubles et pour toutes actions visant à conforter la qualité du site.

Enfin, l'inscription d'un site permet de le préserver d'aménagements importants et traumatisants tels que carrières, lignes E.D.F. haute et très haute tension, routes et autoroutes.

En effet, soit ils sont reportés à l'extérieur du site, soit des études particulières et très minutieuses sont engagées pour assurer leur meilleure insertion possible dans le paysage.

L'inscription d'un site c'est la mise en place d'un label de qualité qui incite à respecter et à visiter les richesses caractéristiques d'une région.

L'inscription d'un site est prononcée par arrêté du Ministre compétant sur proposition ou après avis de la Commission Départementale des Sites.

Le consentement du (ou des) propriétaire concerné n'est pas demandé, mais l'avis de la (ou des) commune intéressée est requis avant la consultation de la commission.

L'application de cette procédure a évolué depuis 1930 de la notion de site-objet (rochers de forme insolite, parc, allées, bouquets d'arbres...) à la notion plus vaste de site-ensemble (Ile de Ré, presqu'île de Saint-Tropez, étangs landais et girondins...).

LA PROTECTION DE LA NATURE

La loi n° 76-629 du 10 juillet 1976 relative à la protection de la nature stipule en son article 1er : «*La protection des espaces naturels et des paysages, la préservation des espèces animales et végétales, le maintien des équilibres biologiques auxquels ils participent et la protection des ressources naturelles contre toutes les causes de dégradation qui les menacent sont d'intérêt général. Il est du devoir de chacun de veiller à la sauvegarde du patrimoine naturel dans lequel il vit. Les activités publiques ou privées d'aménagement, d'équipement et de production doivent se conformer aux mêmes exigences*».

Ces importants principes généraux se trouvent illustrés dans la loi notamment par deux moyens de protection qui ont des implications d'ordre spatial : les réserves naturelles et les arrêtés de biotype.

• Les réserves naturelles

Bien qu'introduite dès 1957, cette notion n'a été clairement définie qu'en 1976.

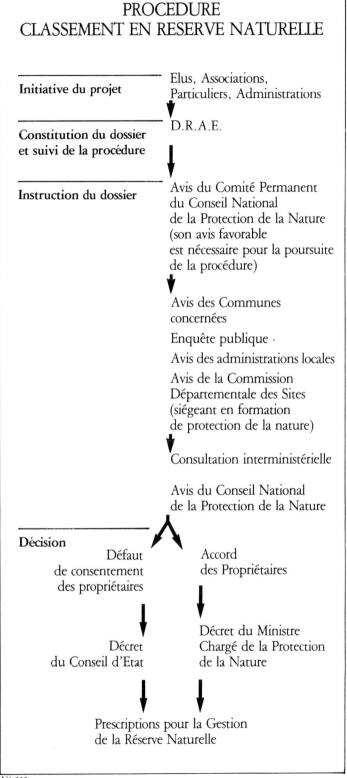

PROCEDURE
CLASSEMENT EN RESERVE NATURELLE

Initiative du projet — Elus, Associations, Particuliers, Administrations

Constitution du dossier et suivi de la procédure — D.R.A.E.

Instruction du dossier — Avis du Comité Permanent du Conseil National de la Protection de la Nature (son avis favorable est nécessaire pour la poursuite de la procédure)

Avis des Communes concernées

Enquête publique

Avis des administrations locales

Avis de la Commission Départementale des Sites (siégeant en formation de protection de la nature)

Consultation interministérielle

Avis du Conseil National de la Protection de la Nature

Décision

Défaut de consentement des propriétaires — Accord des Propriétaires

Décret du Conseil d'Etat — Décret du Ministre Chargé de la Protection de la Nature

Prescriptions pour la Gestion de la Réserve Naturelle

«Des parties du territoire d'une ou de plusieurs communes peuvent être classées en réserve naturelle lorsque la conservation de la faune, de la flore, du sol, des eaux, des gisements de minéraux et de fossiles et, en général du milieu naturel présente une importance particulière ou qu'il convient de les soustraire à toute intervention artificielle susceptible de les dégrader...» (article 16 de la loi du 10 juillet 1976).

«L'acte de classement peut soumettre à un régime particulier et, le cas échéant, interdire à l'intérieur de la réserve toute action susceptible de nuire au développement naturel de la faune et de la flore et, plus généralement, d'altérer le caractère de la dite réserve, notamment la chasse et la pêche, les activités agricoles, forestières et commerciales, l'exécution de travaux publics et privés, l'extraction de matériaux concessibles ou non, l'utilisation des eaux, la circulation du public, quelque soit le moyen employé, la divagation des animaux domestiques et le survol de la réserve (article 18 de la loi du 10 juillet 1976).

Une réserve naturelle peut donc être définie comme un territoire protégé soumis à des prescriptions spéciales parce que caractérisé par une spécificité écologique remarquable exposée à des dégradations.

Tout comme le site classé, elle répond également à l'idée de sanctuaire à préserver. C'est ainsi qu'elle ne peut être ni détruite, ni modifiée dans son état ou son aspect sauf autorisation spéciale du Ministre chargé de la protection de la nature (article 23 de la loi du 10 juillet 1976).

Une réserve naturelle peut être instituée par décret ou être constituée volontairement par un propriétaire (réserve volontaire agréée).

Enfin cet espace protégé qui dispose d'une réglementation propre se voit fixer, par le Ministre chargé de la protection de la nature, des modalités de gestion administrative et de contrôle du respect des prescriptions.

• Les arrêtés de biotopes

Cette mesure de protection relève du décret n° 77-1295 du 25 novembre 1977 pris pour l'application des articles 3 et 4 de la loi du 10 juillet 1976 et concernant la protection de la flore et de la faune sauvage du patrimoine naturel français.

Afin de prévenir la disparition d'espèces protégées, le Préfet peut ainsi fixer, par arrêté, les mesures tendant à favoriser la conservation des biotopes tels que mares, marécages, marais, haies, bosquets, landes, dunes, pelouses ou toutes autres formations naturelles dans la mesure où ils sont nécessaires à l'alimentation, à la reproduction, au repos ou à la survie de ces espèces.

Il peut également interdire les actions pouvant porter atteinte d'une manière indistincte à l'équilibre biologique des milieux et notamment l'écobuage, le brûlage des chaumes, le brûlage ou le broyage des végétaux sur pied, la destruction des talus et des haies,

---

PROCEDURE
ARRETES DE BIOTOPE

Existence d'un biotope
abritant des espèces protégées

↓

Avis de la Commission Départementale des Sites
(siégeant en formation de protection de la nature)

↓

Consultation des Administrations, du Conseil Municipal
et de la Chambre d'Agriculture

↓

Arrêté Préfectoral

N° 233

l'épandage de produits antiparasitaires.

Cette décision préfectorale est prise après avis de la Commission Départementale des Sites siégeant en formation de protection de la nature ainsi que de la chambre départementale d'agriculture.

L'avis du directeur régional de l'Office National des Forêts est requis lorsque le biotope à protéger est situé sur des terrains soumis au régime forestier.

C'est en principe le Délégué Régional à l'Architecture et à l'Environnement qui est rapporteur devant la Commission Départementale des Sites siégeant en formation de protection de la nature pour les projets de réserves naturelles et les mesures de protection des biotopes.

Service Régional de l'Etat, cette Délégation joue en effet sous l'autorité du Préfet, Commissaire de la République, un rôle essentiel dans la définition et la mise en œuvre des mesures nécessaires à la protection de la nature. Il lui appartient notamment de veiller à ce que les actions indispensables à la protection du patrimoine naturel régional soient engagées en temps utile et de proposer au Préfet les procédures les mieux adaptées.

En ce qui concerne les réserves naturelles, elle doit être associée à la totalité de la procédure même dans les cas où elle n'est pas à l'origine du projet et où elle n'en assure pas elle-même l'instruction. Elle est également associée à la gestion des réserves naturelles existantes, le Délégué Régional à l'Architecture et à l'Environnement étant désigné comme membre consultatif de chaque réserve créée dans sa région.

LEUR MISE EN OEUVRE SUR LE LITTORAL AQUITAIN

Ainsi que cela a été exposé dans le chapitre «Aménagement du territoire sur le littoral» une protection renforcée de zones particulières a été prévue dans le cadre du Schéma d'Aménagement de la Côte Aquitaine.

Cela a permis de poursuivre et de dynamiser cette politique de sauvegarde des sites et des milieux les plus remarquables dont la mise en œuvre avait été engagée antérieurement. Il est possible de distinguer plusieurs périodes dans l'application de ces mesures de protection.

• Jusqu'en 1967

Elle se fait plutôt de façon ponctuelle et concerne pour l'essentiel la protection des sites. Ces derniers sont surtout localisés à proximité des agglomérations et dans des secteurs particuliers du littoral, comme le Bassin d'Arcachon et le lac d'Hossegor, où la pression touristique et à l'urbanisation se fait de plus en plus sentir.

Il convient de noter également que certains étangs landais font déjà l'objet de classement au titre des sites (Aureilhan, Laprade, Moliets, Uza, le 20 avril 1964 et Soustons le 13 juin 1966).

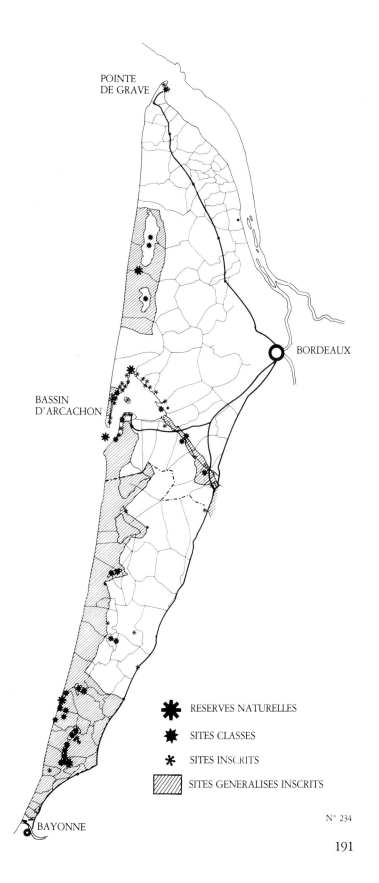

POINTE DE GRAVE

BORDEAUX

BASSIN D'ARCACHON

BAYONNE

✹ RESERVES NATURELLES

✴ SITES CLASSES

✳ SITES INSCRITS

▨ SITES GENERALISES INSCRITS

N° 234

191

• De 1967 à 1975

Cette période coïncide avec la création de la MIACA et l'élaboration du Schéma d'Aménagement de la Côte Aquitaine. L'émergence d'une vision globale de l'aménagement et de la protection du littoral en est la marque.

A l'évidence cette période a été décisive pour l'avenir de la Côte Aquitaine et a assis sur des bases solides une affectation très contrastée de l'espace qui laisse une large place à la sauvegarde des paysages et des milieux naturels.

Elle se traduit par :
- la création de deux réserves naturelles ; le banc d'Arguin (arrêté du 4 août 1972) dans le Bassin d'Arcachon et l'Etang Noir (arrêté du 2 juillet 1974) dans le sud des Landes (communes de Seignosse et Tosse),
- l'inscription généralisée des étangs girondins de Hourtin au Porge (5 octobre 1967) et du val de l'Eyre (22 juin 1973),
- l'inscription généralisée des étangs landais Sud de Saint-Julien en Born à Tarnos (18 septembre 1969),
- le classement au titre des sites de la plupart des étangs :
*En Gironde :
Hourtin Carcans et Lacanau (16 décembre 1968)
*Dans les Landes :
Hardy (12 janvier 1967)
Blanc, Léon, Noir, Yrieux (16 décembre 1968)
Moysan (9 octobre 1969).

• Depuis 1975

Parallèlement au lancement des opérations d'aménagement, des dispositions contenues dans les documents d'urbanisme approuvés ou en cours d'élaboration ainsi que des textes de portée générale comme la «Directive Littoral» viennent épauler les actions strictes de protection qui jusqu'alors avaient prévalu dans la prise en compte réglementaire de l'environnement.

Cette période est également marquée par la publication de la loi relative à la protection de la nature et par les premières interventions du Conservatoire de l'Espace Littoral et des Rivages Lacustres.

Cette diversification des procédures permettant directement ou indirectement la protection de l'espace n'empêche toutefois pas l'application des mesures strictes de protection de se poursuivre.

C'est ainsi que sont créés les réserves naturelles de l'étang de Cousseau (20 août 1976) des Prés Salés d'Arès-Lège (7 septembre 1983) en Gironde et du Courant d'Huchet (29 septembre 1981 dans les Landes, qu'un arrêté de biotope concernant un reposoir d'Aigrettes Garzettes à Lanton a été pris le 1er août 1983.

Les protections au titre des Sites sont complétées par :
- l'inscription généralisée du littoral y compris la forêt usagère sur la commune de La Teste (1er octobre 1979) et du site des étangs landais Nord (16 août 1977) ce qui conduit à la protection de l'ensemble du littoral landais,
- l'extension à leurs rives des classements au titre des sites dont bénéficient déjà la plupart des étangs tant en Gironde (Hourtin-Carcans 29 septembre 1983) que dans les Landes (Aureilhan 18 juillet 1978 - Soustons 2 février 1979 - Léon 23 juin 1980 - Uza 3 septembre 1981 - Blanc et Hardy 11 mars 1982).

Cette période voit également se dessiner une nouvelle tendance consistant en l'inscription de sites ponctuels valant surtout par la qualité du patrimoine bâti (les villages ostréicoles de la côte Noroit - commune de Lège - Cap Ferret - et la ville d'Hiver d'Arcachon).

Le bilan de toutes ces actions laisse donc voir que les programmes établis dans le cadre du Schéma d'Aménagement de la Côte Aquitaine ont été respectés et exécutés pour une part importante et que ce faisant les espaces les plus remarquables du littoral aquitain sont relativement bien protégés.

Ils bénéficient ou bénéficieront de plus d'une véritable gestion en particulier grâce à la politique foncière qui a été engagée (cf. chapitre «Aménagement du territoire sur le littoral») et qui devrait assurer leur pérennité et leur mise en valeur au même titre que les prescriptions réglementaires et les autorisations administratives qu'elles entraînent.

Il apparaît ainsi que l'Etat et toutes les Collectivités Locales se sont mobilisés pour que la politique de protection de l'espace devienne un élément vivant de la conscience collective et que le plus large public ait le droit de découvrir et d'accéder à ce patrimoine qu'il nous revient de transmettre aux générations futures.

Il reste néanmoins un certain nombre de tâches à accomplir pour atteindre ces objectifs majeurs et notamment en ce qui concerne les actions strictes de protection à poursuivre les créations de réserves naturelles, et les classements au titre des sites des rives des étangs et des courants côtiers.

L'institution de ces protections, dont la procédure de mise en place est longue et délicate, devrait à l'avenir être facilitée grâce à la récente délibération du Conseil Régional d'Aquitaine adoptée à l'unanimité et relative à la consultation des collectivités locales dans le cadre de la préparation de la loi sur le littoral.

En effet, il y fait part clairement de sa volonté de préserver la qualité de l'environnement dans l'aménagement de la Côte Aquitaine et de respecter la spécificité de la Région, à savoir l'importance des grands espaces naturels libres d'urbanisation tout en favorisant le développement touristique et économique du littoral.

Dans cette nouvelle période qui s'ouvre à nous du fait de la décentralisation et des nouvelles responsabilités dont sont investis les élus locaux, cette prise de position unanime des élus régionaux prend un relief tout particulier même si la politique de protection du patrimoine, de protection de la nature et des sites reste du domaine de compétence de l'Etat.

En conclusion de cette annexe, il importe de souligner que la protection de l'espace n'est pas un monopole de l'Etat mais l'affaire de tous et que la sauvegarde et la mise en valeur des espaces naturels est maintenant une préoccupation connue et partagée mais qu'elle n'est jamais définitivement acquise.

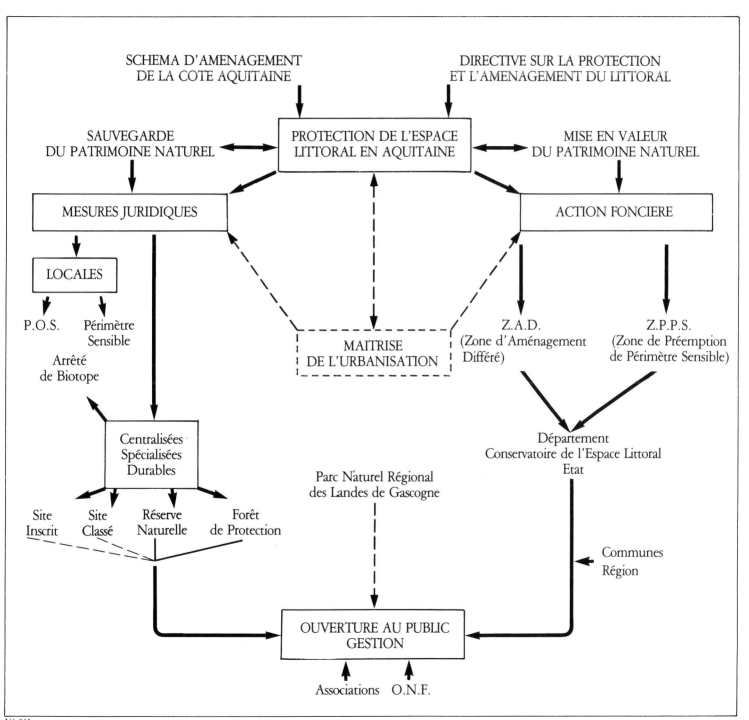

ADRESSES UTILES

Pour des informations sur l'aménagement de la côte aquitaine

- Mission d'Aménagement de la Côte Aquitaine
  Château Lagorce - LE TAILLAN MEDOC - Téléphone : 56.35.08.38.

Pour des informations sur les documents d'urbanisme et les permis de construire et autorisations de travaux

- Mairie de la commune concernée
- Direction Départementale de l'Equipement de la Gironde
  Cité administrative - 33200 BORDEAUX - Téléphone : 56.24.33.33.
- Direction Départementale de l'Equipement des Landes
  Boulevard Saint-Médard - 40000 MONT-DE-MARSAN - Téléphone : 58.75.84.25.

Pour des informations sur les sites et les espaces protégés et des conseils en matière d'architecture

- Délégation Régionale à l'Architecture et à l'Environnement d'Aquitaine
  59bis, cours Victor Hugo - 33000 BORDEAUX - Téléphone : 56.52.13.12
- Service Départemental de l'Architecture de la Gironde
  Place Colon - 33000 BORDEAUX - Téléphone : 56.48.08.77
- Service Départemental de l'Architecture des Landes
  13, place Jean-Jaurès - 40000 MONT-DE-MARSAN - Téléphone : 58.06.14.15
- Conseil d'Architecture d'Urbanisme et d'Environnement de la Gironde
  21, cours de l'Intendance - 33000 BORDEAUX - Téléphone : 56.52.61.40
- Conseil d'Architecture d'Urbanisme et d'Environnement des Landes
  22bis, rue Maubec - 40000 MONT-DE-MARSAN - Téléphone : 58.46.40.40.

Pour des informations sur l'espace rural et forestier

- Direction Départementale de l'Agriculture et de la Forêt de la Gironde
  Cité Administrative - 33200 BORDEAUX - Téléphone : 56.24.33.33
- Direction Départementale de l'Agriculture et de la Forêt des Landes
  Cité Galiane - 40000 MONT-DE-MARSAN - Téléphone : 58.75.15.56
- Direction Régionale de l'Office National des Forêts
  16, rue Georges Mandel - 33000 BORDEAUX - Téléphone : 56.96.80.18.

BIBLIOGRAPHIE

- HISTOIRE DU PAYSAGE FRANÇAIS. Jean-Robert PITTE. *Edition Tallandier (1983).*
- HISTOIRE DES AQUITAINS. Dossier de l'Histoire. Antoine LEBEGUE. *Edition Fernand Nathan.*
- HISTOIRE DE L'AQUITAINE. Direction Charles HIGOUNET. *Edition Privat (1971).*
- LES LANDES D'AUTREFOIS. Félix ARNAUDIN. «Groupement des amis de Félix Arnaudin». *Bordeaux (1972).*
- LA VIE RURALE DANS L'ANCIENNE LANDE. Pierre TOULGOUAT. *Edition Marimpouey Jeune. Pau (1975).*
- LA VIE DES GENS PENDANT LES SIECLES OU LA TESTE DE BUCH VECUT SOUS LA MENACE DES SABLES. Jacques RAGOT. *(1971).*

- ATLAS ET GEOGRAPHIE DE LA FRANCE MODERNE. LE MIDI ATLANTIQUE. Louis PAPY. *Edition Flammarion (1982).*
- LA VIE HUMAINE SUR LE LITTORAL DES LANDES DE GASCOGNE. M. CASSOU-MOUNAT. Thèse de Doctorat Université Bordeaux III. *(1975). Paris-Champion (1977).*
- LES LANDES DE GASCOGNE ET LA COTE D'ARGENT. Louis PAPY. *Edition Privat (1981).*
- REVUE GEOGRAPHIQUE DES PYRENEES ET DU SUD-OUEST. LES LANDES DE GASCOGNE. *(Avril 1973).*
- LE TRIANGLE DES LANDES. Bernard MANCIET. *Edition Arthaud (1981).*
- LES LANDES DE GASCOGNE. Etude géographique. *C.R.D.P. de Bordeaux.*
- NOTES ET ETUDES DOCUMENTAIRES : LANDES. *Documentation française (1981).*
- CONNAITRE LES LANDES. D. CHABAS. *(1970).*
- LA FORET LANDAISE. *Service de Documentation de la Maison de la Forêt (1977).*
- LA ROUTE DES LACS LANDAIS. André REBSOMEN. *Edition Graphica Arcachon (1930).*
- L'OSTREICULTURE A ARCACHON. Charles BOUBES.
- LE PAYS DE BORN. COTE NORD. Revue touristique. *Edition Service Auch (1979).*
- LE CAP FERRET, DE LEGE A LA POINTE. Jacques RAGOT.
- DE LA LEYRE AU CAP FERRET. Jacques RAGOT.
- LE PILAT, LA GRANDE DUNE ET LE PAYS DE BUCH.

- INTERET ECOLOGIQUE ET FRAGILITE DES ZONES HUMIDES DES LANDES DE GASCOGNE. G.E.R.E.A. Université de Bordeaux I. *(1985).*
- EQUILIBRE ECOLOGIQUE DES LACS LANDAIS NORD. X. SANCHEZ. F. PERDUCAT. M.C. OLMOS. Etude 3e Cycle école d'Architecture de Bordeaux. *(1979).*
- ETUDE DE L'EVOLUTION DU LITTORAL DE LA COTE AQUITAINE. Laboratoire Central d'Hydraulique de France. M.I.A.C.A.. *(1982).*

- CONSTRUIRE EN QUARTIER ANCIEN. Ministère de l'Environnement et du Cadre de Vie. *(1980)*.
- LE NEO-STYLE REGIONAL. S. OSTROWETSKY & J.S. BORDREUIL. *Edition Dunod (1980)*.
- LE SITE BALNEAIRE. Dominique ROUILLARD. *Pierre MARDAGA éditeur.*
- VILLES ET VILLAGES DES LANDES. D. CHABAS 4 Tomes. *Chez l'auteur Capbreton (1978)*.
- ARCHITECTURE PAYSANNE DE GUYENNE ET GASCOGNE. Dr A. CAYLA. *Edition Serg Eddibor (1980)*.
- LA MAISON DE L'ANCIENNE LANDE. Pierre TOULGOUAT. *Edition Marimpouey Jeune. Pau (1977)*.
- VOTRE MAISON DANS LE SUD-OUEST, PAYS-BASQUE, LANDES, GIRONDE. Elisabeth BALLU. *Edition Charles Massin.*
- NOUVELLES ARCHITECTURES PUBLIQUES. AQUITAINE 1982-1984. DRAE Aquitaine. CAUE Gironde. *Edition Arts Graphiques d'Aquitaine (1985)*.
- LA VILLE D'HIVER D'ARCACHON. Institut Français d'Architecture. *(1983)*.
- CITES BALNEAIRES DU LITTORAL ATLANTIQUE. Dossier réalisé par Nada JAKOVLJEVIC, Claude GUISLAIN, François LOYER. DRAE Aquitaine. CAUE Gironde. *I.F.A. (1984)*.
- ARCHITECTURE REGIONALE CONTEMPORAINE DU LITTORAL ATLANTIQUE. DRAE Aquitaine. *G.H.E.C.O. (1982)*.
- ARCHITECTURE FORESTIERE - LITTORAL ATLANTIQUE. DRAE Aquitaine. *G.H.E.C.O. (1982)*.
- L'HABITAT LEGER DE LOISIR SUR LE LITTORAL GIRONDIN. DRAE Aquitaine. SDA Gironde. *G.H.E.C.O. (1982)*.
- ETUDE PREALABLE A L'AMENAGEMENT DU CENTRE BOURG DE LA TESTE DE BUCH. *G.H.E.C.O. (1984)*.
- «GILLET - LA CHERRE» : HABITAT TRADITIONNEL ET STRUCTURE ECONOMIQUE D'UN QUARTIER LANDAIS. M. LALANNE, M.C. OLMOS. Etude 1er Cycle école d'Architecture de Bordeaux. *(1974)*.
- HABITAT TRADITIONNEL EN PAYS DE BORN. M. LALANNE, M.C. OLMOS. Etude 2e Cycle école d'Architecture de Bordeaux. *(1976)*.
- TOURISME ET HABITAT RURAL A PARENTIS. M.C. OLMOS. Etude 3e Cycle école d'Architecture de Bordeaux. *(1979)*.

- SITES INSCRITS DU LITTORAL LANDAIS. Cahier de recommandations architecturales. CAUE des Landes et Cabinet GIRARD, DE GUENIN, CAZAUX. DRAE Aquitaine et SDA des Landes. *(1983)*.
- SITES DU LITTORAL GIRONDIN. Cahier de recommandations architecturales. B. WAGON. DRAE Aquitaine et SDA de la Gironde. *(1983)*.
- ATLAS DES PROTECTIONS ET DU PATRIMOINE DE LA GIRONDE. DDE de la Gironde. DRAE Aquitaine. *(1984)*.

TABLE DES ILLUSTRATIONS

Cet ouvrage
a été achevé d'imprimer en Juillet 1987

SUR LES PRESSES DE L'IMPRIMERIE
ARTS GRAPHIQUES D'AQUITAINE
LIBOURNE

La maquette et la composition
sont de PATRICK LAMOU
BORDEAUX